Körperpflege Training & Transfer Pflege

Die Reihe **Training & Transfer Pflege**
wird herausgegeben vom ABZ Verbund Pflege HF.

BZG
Bildungszentrum Gesundheit Basel-Stadt

Höhere Fachschule
Gesundheit und Soziales
Aarau

Berner
Bildungszentrum Pflege

PFLEGE
HÖHERE FACHSCHULE SCHAFFHAUSEN

ZAG
Zentrum für Ausbildung im Gesundheitswesen

ABZ Verbund Pflege HF Aargau/Basel/Bern/Schaffhausen/Zürich (Hrsg.)

KÖRPERPFLEGE

TRAINING & TRANSFER PFLEGE

4. Auflage

h e p der bildungsverlag

der bildungsverlag
www.hep-verlag.ch

Natascha Brisa, Master of Advanced Studies in Adult and Professional Education, dipl. Pflegefachfrau, seit 2014 am Berner Bildungszentrum Pflege
Claudia Schindler, Berufsschullehrerin HF, dipl. Pflegefachfrau, seit 2008 am Berner Bildungszentrum Pflege
Erna Inderbitzin, Bachelor of Science in Nursing, seit 2010 am Gewerblich-industriellen Bildungszentrum Zug
Martin Schäfer, Pflegeexperte HöFa II, seit 2007 am Berner Bildungszentrum Pflege

ABZ Verbund Pflege HF Aargau/Basel/Bern/Schaffhausen/Zürich (Hrsg.)
Körperpflege
Training & Transfer Pflege
Autorinnen/Autor: Natascha Brisa, Claudia Schindler,
Erna Inderbitzin, Martin Schäfer
ISBN 978-3-0355-1415-5

Projektleitung: Irène Moser, Master of Science in Nursing, seit 2007 am Berner Bildungszentrum Pflege
Umschlag und Gestaltung: Atelier Kurt Bläuer, Bern
Fotos: Nadia Schweizer, Bern

Bibliografische Information der Deutschen Nationalbibliothek:
Die Deutsche Nationalbibliothek verzeichnet diese Publikation in der Deutschen Nationalbibliografie; detaillierte bibliografische Daten sind im Internet über http://dnb.dnb.de abrufbar.

4. Auflage 2019

www.hep-verlag.ch

Zusatzmaterialien und -angebote zu diesem Buch:
http://mehr.hep-verlag.ch/koerperpflege

Inhaltsverzeichnis

Vorwort

Die duale höhere Berufsbildung zeichnet sich dadurch aus, dass erforderliche berufliche Kompetenzen für den jeweiligen Beruf in Schule und Praxis erworben werden. In der theoretischen Ausbildung, im Lernbereich Schule, werden Wissen und Kenntnisse erarbeitet, in der praktischen Ausbildung, im Lernbereich Praxis, werden Fähigkeiten und Fertigkeiten erworben und Erfahrungen gesammelt.
An einem dritten Lernort, im Lernbereich Training und Transfer (LTT), werden pflegerische Handlungen in einem simulierten Lernfeld trainiert und theoretisch begründet.
Durch diesen systematischen Ansatz von Lehren und Lernen werden Studierende auf die herausfordernden beruflichen Situationen in der Pflegepraxis vorbereitet.
Berufs- und Pflegefachpersonen aus Schule und Praxis, welche dem ABZ Verbund Pflege der höheren Fachschulen Aargau, Basel, Bern, Schaffhausen und Zürich angehören, haben für den LTT-Lernbereich spezielle Arbeitshefte entwickelt. Diese unterstützen den Erwerb pflegerischer Kompetenzen und den Transfer zwischen Theorie und Praxis.
Jedes Arbeitsheft geht von einem konkreten Fallbeispiel der Akut-, der Langzeit-, der Psychiatrie-, der Rehabilitations- sowie der Kinder- und Familienpflege und/oder der spitalexternen Pflege aus. Konkrete Lernziele beschreiben das angestrebte Lernergebnis, ein Vorkenntnistest aktiviert das zum Thema des Hefts vorhandene Wissen. Das Kernstück der Arbeitshefte bilden die Handlungsabläufe, die kompetenzorientiert aufgebaut sind. Anhand detaillierter Beschreibungen und Begründungen können die einzelnen Schritte erlernt werden, gleichzeitig dienen die Handlungsabläufe als Beobachtungsinstrument für die Selbst- und Fremdkontrolle. Transferaufgaben, eine Lernkontrolle und Instrumente zur Reflexion helfen den Studierenden, sich die pflegerischen Kompetenzen nachhaltig anzueignen.
Wir danken allen Beteiligten für ihr grosses Engagement!

Die Rektorinnen und Rektoren der Mitgliederschulen
Andreas Schächtele, Aarau
Bernadette Oberholzer, Basel
Peter Marbet, Bern
Ernst Schläpfer, Schaffhausen
Hanni Wipf, Winterthur

1 Lehre und Methode im Lernbereich Training und Transfer

Ausgangslage von pflegerischem Handeln in der Praxis sind konkrete Pflegesituationen. Um die Herausforderungen in diesen Situationen zu bewältigen, müssen berufsspezifische Kompetenzen erlernt werden. Die Arbeitshefte Training & Transfer Pflege orientieren sich bei der Kompetenzentwicklung am holistischen Berufsbildungsmodell von Felix Rauner et al. (2015) (siehe Kapitel 1.1). Der Aufbau der Trainingshefte hilft, den Transfer von theoretischem Wissen in berufliche Fähigkeiten und Fertigkeiten vorzunehmen und die dafür erforderlichen Kompetenzen zu entwickeln und zu üben. Mit der CAS-Methode (siehe Kapitel 1.2) können die Kompetenzen nachhaltig trainiert werden. Während der Übungssequenzen nimmt das Coaching durch den Trainer/die Trainerin stetig ab, dadurch beginnen die Studierenden selbstständiger zu handeln.

1.1 Kompetenzorientierung

Das Kompetenzmodell von Felix Rauner et al. (2015) stellt die Entwicklung beruflicher Kompetenzen in verschiedenen Kompetenzbereichen und auf mehreren Niveaus dar. Das Modell umfasst acht Kompetenzbereiche, die nötig sind, um berufliche Situationen ganzheitlich und umfassend zu bewältigen.

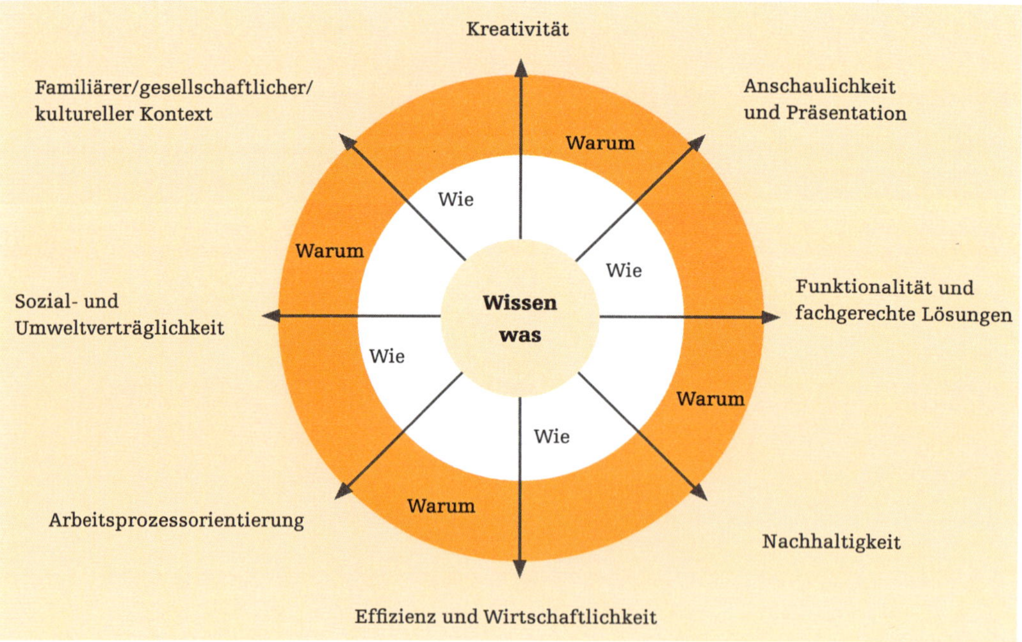

Holistisches Berufsbildungsmodell in Anlehnung an Rauner et al. (2015)

Die Kompetenzbereiche weisen in Pflegeberufen folgende Inhalte auf:
Funktionalität und fachgerechte Lösungen bezeichnen fachlich richtiges Handeln aufgrund von evidenzbasiertem Pflegewissen.
Anschaulichkeit und Präsentation beinhalten, Ergebnisse deutlich, strukturiert, differenziert und nachvollziehbar darzustellen.

Wirtschaftlichkeit umfasst die Frage nach den zeitlichen, personellen und finanziellen Ressourcen.
Nachhaltigkeit bedeutet die wirksame Planung von Interventionen, die ein dauerhaftes Gesunden fördern, Komplikationen vorbeugen und ein Wiederauftreten von Gesundheitsproblemen bestmöglich verhindern.
Arbeitsprozessorientierung zeigt sich in einer professionellen Arbeitsorganisation innerhalb der Pflege und in der interdisziplinären Zusammenarbeit, bei der die Arbeitsprozesse reibungslos ablaufen und Leerläufe vermieden werden.
Umweltverträglichkeit umfasst alle Umweltfaktoren wie Einhalten von hygienischen Richtlinien, Berücksichtigung von Krankheits- und Unfallverhütung und Beachtung des persönlichen Gesundheitsschutzes.
Sozialverträglichkeit wird deutlich in der professionellen Beziehungsgestaltung zu den Pflegebedürftigen und deren Angehörigen unter Berücksichtigung des familiären, kulturellen und ethischen Kontextes.
Kreativität schöpft den situativ vorhandenen pflegeberuflichen Gestaltungsspielraum aus.

Der Einbezug der acht Kompetenzbereiche im Sinne des Rauner-Modells soll dazu beitragen, in einer konkreten Fallsituation möglichst umfassende, wirkungsvolle und effiziente Interventionen auszuwählen und anzuwenden. Die Handlungsabläufe sind deswegen nur Leitlinien für die Handlung selbst – für die Bewältigung der Fallsituation sind zusätzlich immer die individuellen Anforderungen der Situation einzubeziehen. Erst durch die Beachtung aller Kompetenzbereiche in einer Fallsituation wird das gesamte berufliche Können sichtbar.
Das Kompetenzniveau zeigt sich in der beruflichen Situation nach Rauner auf drei verschiedenen Stufen. Auf der ersten Niveaustufe gilt es zu entscheiden, **was** getan werden muss (welche Interventionen), auf der zweiten, **wie** es getan werden muss (korrekte Durchführung), und auf der dritten, **warum** die Intervention so durchgeführt werden muss (fachliche Begründung). Diese drei von Rauner in seinem Modell beschriebenen Niveaustufen werden in den Tabellen der Handlungsabläufe in diesem Heft als Handlungsschritt (wissen was), als Beschreibung der Handlung (wissen wie) und als Begründung (wissen warum) bezeichnet (siehe Kapitel 3).

1.2 Methode

Berufliche Kompetenzen werden erst beherrscht, wenn mehrere Lernschritte vollzogen sind. Für den Bereich Training und Transfer eignet sich die Anwendung der Methode «cognitive apprenticeship» (CAS) (Collins, 2005).
Nach einer Einleitung, in der Ziele, Ablauf und Bedeutung vorgestellt werden, werden in einer Orientierungsphase die Vorkenntnisse aktiviert, Erfahrungen

wachgerufen und der Sachwiderstand geklärt. Als Erstes findet das **Modelling** statt: Dabei wird der Handlungsablauf demonstriert. Hierbei werden die Handlungsschritte und der fachliche Hintergrund verbalisiert.
Es folgt die Trainingsphase, zu ihr gehören Beobachten, Korrigieren, Unterstützen und Feedbackgeben. Das **Coaching** der Lehrperson findet dabei in mehreren Lernschritten statt:

- Beim **Scaffolding** gibt die Lehrperson Struktur, leitet an und übernimmt bei Bedarf Teilschritte.
- Während des **Fading** tritt die Lehrperson entsprechend der Ausführung der Aufgabe durch die Studierenden in den Hintergrund.
- In der **Articulation** werden die Handlungsschritte und Zusammenhänge schliesslich von den Studierenden selbst erklärt.

Die Kompetenzen können so nach und nach erworben werden, bis die Lernschritte zur vollumfänglichen Selbstständigkeit in der Durchführung der Handlungsabläufe führen. Mit einer **Reflection,** dem Vernetzen, und der **Exploration,** dem Transfer in die Praxis, wird die Lernsequenz abgeschlossen. Die einzelnen Schritte der Methode CAS laufen nicht zwangsläufig linear ab. Es ist mit dem Lernprozess vereinbar, zu einem bereits absolvierten Schritt zurückzugehen. In der beruflichen Praxis können später die individuellen Einflussfaktoren der jeweiligen Pflegesituationen einbezogen werden. Erst dann werden die neu erlernten beruflichen Kompetenzen vollumfänglich eingesetzt.

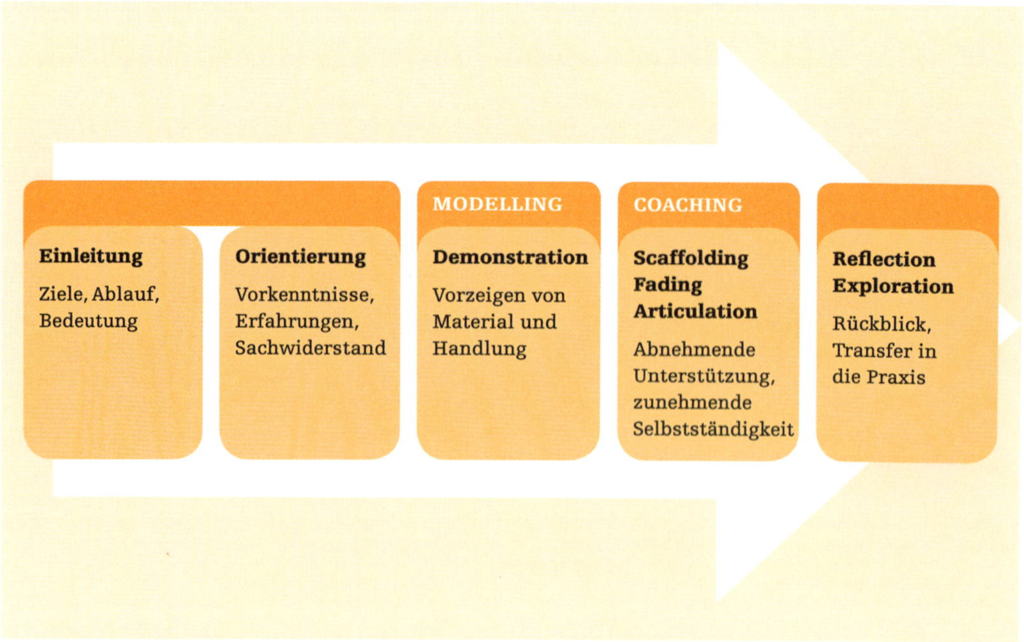

Lernbereich Training und Transfer: Erlernen komplexer Handlungsabläufe, Entwickeln beruflicher Kompetenzen (nach Collins, 2005)

2 Einführung in das Thema

Körperpflege ist ein Grundbedürfnis. Bei der Körperpflege und beim Sich-Kleiden hat jede und jeder individuelle Gewohnheiten. Wohlbefinden, Wahrung der Intimsphäre, Sicherheit, Geborgenheit und persönliche Eigenheiten spielen dabei eine zentrale Rolle. Benötigt ein Mensch zu Hause, im Spital oder in einer Institution der Langzeitpflege Unterstützung beim Waschen und Sich-Kleiden, kann diese Hilfsbedürftigkeit unter Umständen sehr belastend sein. Sie geht häufig mit Gefühlen der Hilflosigkeit und des Verlusts der eigenen Autonomie einher. Einige erleben Nähe und körperliche Berührung als angenehm, andere als Eingriff in ihre Intimsphäre.
Deshalb ist die Körperpflege ein vielschichtiges Thema, das nicht auf Hygiene und Sauberkeit reduziert werden darf und das von der Pflegefachpersonen umfangreiches Wissen verlangt. Zusätzlich braucht es eine differenzierte Beobachtungsgabe, denn die Haut einer Patientin oder eines Patienten kann der Pflegeperson viele Informationen zu deren/dessen Gesundheitszustand vermitteln (Tugor, Farbe, Veränderungen, Hautqualität). Pflegefachpersonen müssen zudem ihr Handeln der aktuellen Situation anpassen, Reaktionen der Patientinnen und Patienten verstehen sowie gezielte pflegerische Interventionen planen und durchführen können.
Die Durchführung der Körperpflege ist aus pflegerischer Sicht weit mehr als eine Handlung zur Erledigung eines Grundbedürfnisses. Bei einer professionellen Pflege, die mit Umsicht durchgeführt wird, kann der Beziehungsprozess zur Patientin oder zum Patienten verstärkt werden. Durch geübte Wahrnehmung und gezielte Beobachtung können mögliche Veränderungen und Abweichungen erfasst werden, die für die weitere pflegerische Betreuung relevant sind. Zudem sollte für eine möglichst ganzheitliche Versorgung der Patientinnen und Patienten die ökonomischen Aspekte der Institutionen nicht an erster Stelle stehen.

2.1 Lernziele

Die Studierende/Der Studierende …

Funktionalität und fachgerechte Lösungen

… unterscheidet verschiedene Körperpflegemittel und begründet deren Anwendung.

… unterscheidet verschiedene Körperzonen und kann sie beschreiben.

… berücksichtigt während der Körperpflege die individuellen und kulturellen Bedürfnisse der Patientin/des Patienten.

… beurteilt bei der Körperpflege die Haut sowie die Hautanhangsorgane und beschreibt in der Dokumentation die beobachteten Veränderungen.

… begründet die durchgeführten Pflegeinterventionen zur Körperpflege.

Wirtschaftlichkeit

… geht bei der Vor- und Nachbereitung sowie bei der Durchführung der Körperpflege systematisch und effizient vor.

Arbeitsprozessorientierung

… erklärt das Vorgehen bei der Ganzkörperwaschung.

… zählt für die Ganzkörperpflege verwendete Utensilien auf und erklärt, was beim Umgang mit diesen Utensilien zu beachten ist.

… beschreibt die Haupttätigkeitsbereiche bei der Unterstützung der Patientin/des Patienten beim Waschen im Bett.

… kennt die Prinzipien der Körperpflege, Teilwäsche und Intimpflege.

… führt die Nasen-, Ohren-, Augen-, Nagel-, Haar- und Fusspflege korrekt durch.

Umweltverträglichkeit

… geht mit den Materialien fach- und sachgerecht um.

Sozialverträglichkeit

… erkennt die Bedeutung der Körperpflege für die Patientin/den Patienten und setzt sich damit auseinander.

… erfasst Einschränkungen und Schwierigkeiten in den jeweiligen Selbstpflegebedürfnissen.

… ist sich der Problematik bewusst, dass bei der Körperpflege die Privat- und Intimsphäre der Patientin/des Patienten nicht vollumfänglich gewahrt werden kann.

… erkennt die Ressourcen der Patientin/des Patienten und integriert diese in die Pflege.

2.2 Vorkenntnistest

1. Wie ist die Haut aufgebaut? Nennen Sie die einzelnen Schichten der Haut und beschreiben Sie deren Aufbau und besondere Eigenschaften.

Schicht	Histologischer Aufbau	Besondere Eigenschaften

2. Die Haut ist mit einer Fläche von 1,5 bis 1,8 m^2 und einem Gewicht von 3,5 bis 10 kg das grösste Organ des Menschen und erfüllt lebenswichtige Funktionen. Welche der folgenden Funktionen werden durch die Haut wahrgenommen?
   - ☐ Die Haut dient dem Körper als Schutz vor chemischen, mechanischen und thermischen Einflüssen.
   - ☐ Der Säureschutzmantel der Haut wehrt Krankheitserreger ab, wie zum Beispiel Viren, Bakterien und Pilze.
   - ☐ Die Haut ist mit ihren Tastkörperchen ein wichtiges Sinnesorgan.
   - ☐ Die Haut reguliert durch Erweiterung oder Verengung der Gefässe die Temperatur des Körpers.
   - ☐ Die Haut hat Anteil am Wasserhaushalt, indem sie einerseits den Körper vor Austrocknung schützt und andererseits Flüssigkeit und Salze abgibt.

3. Die Haut verfügt über einen natürlichen Schutzmechanismus, den Säureschutzmantel. Er entsteht durch körpereigene Substanzen wie Schweiss, Talg und Hornzellen. Welche Aussagen über den Säureschutzmantel sind korrekt?
   - ☐ Der physiologische pH-Wert der Haut liegt bei Erwachsenen zwischen 4,5 und 6,5.
   - ☐ Der physiologische pH-Wert liegt bei Säuglingen bei etwa 6,7.
   - ☐ Der physiologische pH-Wert des Säureschutzmantels ist bei Säuglingen und Erwachsenen identisch.

4. Welche Kriterien beurteilen Sie bei der Hautbeobachtung?

5. Welche 5 Pflegeprodukte kennen Sie und wie werden diese korrekt angewendet?

Pflegeprodukt	Anwendung

Lösungen: www.hep-verlag.ch/koerperpflege oder im eLehrmittel (Code auf der Umschlaginnenseite)

2.3 Fallbeispiel

Frau Bühler ist 79 Jahre alt. Vor drei Tagen wurde sie auf eine medizinische Abteilung des nahe gelegenen Spitals eingewiesen, weil sie an einer schweren Pneumonie erkrankt ist. Die Patientin liegt in einem Viererzimmer. Frau Bühler leidet an Appetitlosigkeit und hat sich zu Hause schon seit längerer Zeit nicht mehr ausgewogen ernährt. Die Mangelernährung und die Pneumonie haben an ihren Kräften gezehrt, sie fühlt sich sehr schwach.

Die Ganzkörperpflege erlebt sie als wohltuend. Da sie stark schwitzt, steht eine erfrischende und belebende Körperpflege im Vordergrund. Ihr Gesicht kann Frau Bühler alleine waschen. Ansonsten ist sie jedoch auf Hilfe angewiesen, weil sie sehr müde ist.

2.4 Vorbereitende Aufgaben

Planung der Körperpflege

Lernziele

Die Studierende/Der Studierende …

… beschreibt die Haupttätigkeiten bei der Unterstützung der Patientin/des Patienten bei der Körperpflege.

… erklärt das Vorgehen bei der Körperpflege.

… kennt Pflegeprodukte und setzt diese korrekt ein.

… begründet das Vorgehen bei der Körperpflege.

Auftrag

Planen Sie anhand des Fallbeispiels (S. 18) die Körperpflege von Frau Bühler. Was berücksichtigen Sie dabei und wie gehen Sie konkret vor? Begründen Sie Ihre Überlegungen.

Wann?	Wer?	Was?	Womit?	Weshalb?

3 Trainingsaufgaben

3.1 Ganzkörperwaschung

Arbeitsauftrag

Training

Führen Sie den Handlungsablauf *Ganzkörperwaschung* durch.

Auftrag

1. Organisieren Sie sich in der Gruppe und weisen Sie folgende Rollen zu:
   - 1 Pflegefachperson
   - 1 Patientin/Patient
   - 1 Beobachterin/Beobachter
2. Führen Sie das Training gemäss Handlungsablauf durch.
3. Dokumentieren Sie Ihre Beobachtungen.
4. Reflektieren Sie die Simulation und geben Sie Feedback anhand folgender Fragen:

   Pflegefachperson
   - Was ist mir gut gelungen? Wo fühlte ich mich sicher?
   - Wo traten Schwierigkeiten oder Unsicherheiten auf?
   - Welche Erkenntnisse ziehe ich daraus?

   Patientin/Patient
   - Wie wurde ich in die Handlung einbezogen?
   - Wurde ich kompetent informiert?
   - Wie habe ich die Waschung erlebt?
   - Wurde meine Intimsphäre geschützt?
   - Wurden alle meine Bedürfnisse berücksichtigt?
   - Wurden meine Fragen zufriedenstellend beantwortet?

   Beobachterin/Beobachter
   - Wurde das Material vollständig und korrekt vorbereitet?
   - War das Vorgehen gemäss dem Handlungsablauf korrekt?
   - Wurden die Prinzipien der Hygiene eingehalten?
   - Hatte die Patientin/der Patient Gelegenheit, Fragen zu stellen oder Unsicherheiten zu äussern?
   - Wurde die Patientin/der Patient laufend informiert?
5. Wechseln Sie die Rollen, bis jede Person alle Rollen eingenommen hat.

Sozialform

Gruppenarbeit

Zeit

40–60 Minuten

Handlungsablauf

HANDLUNGSSCHRITT	BESCHREIBUNG	BEGRÜNDUNG	BEOBACHTUNGEN
Vorbereitung			
Pflegedokumentation prüfen	Informieren Sie sich in der Pflegedokumentation über die Verordnung und den Zustand der Patientin/des Patienten.	Sie verhindern so, dass notwendiges Material fehlt, setzen Ressourcen optimal ein und vermeiden Komplikationen.	☐ richtig ☐ falsch ☐ nicht ausgeführt
Präsenzlicht einschalten	Schalten Sie das Präsenzlicht ein.	Das Präsenzlicht markiert im Flur die Anwesenheit einer Pflegefachperson im Zimmer der Patientin/des Patienten. Sie haben so die Möglichkeit, bei einem Notfall Alarm auszulösen.	☐ richtig ☐ falsch ☐ nicht ausgeführt
Hände desinfizieren 	Führen Sie vor Kontakt mit der Patientin/dem Patienten eine korrekte Händedesinfektion (EN 1500) durch.	Eine Übertragung und Verbreitung von Mikroorganismen wird verhindert.	☐ richtig ☐ falsch ☐ nicht ausgeführt
Patientin/Patienten vorbereiten	Begrüssen Sie die Patientin/den Patienten und stellen Sie sich, falls noch nicht geschehen, mit Namen und Funktion vor. Erklären Sie den Anlass und die Dauer der bevorstehenden Pflegehandlung. Holen Sie das Einverständnis der Patientin/des Patienten ein. Fragen Sie nach Wünschen.	Die Patientin/Der Patient weiss stets, welche Massnahmen an ihr/ihm vorgesehen sind. Eine korrekte und verständliche Information fördert die Akzeptanz und das Vertrauen der Patientin/des Patienten. Sie/Er fühlt sich respektiert.	☐ richtig ☐ falsch ☐ nicht ausgeführt
Vitalzeichen prüfen und Befinden erfragen	Fragen Sie die Patientin/den Patienten nach ihrem/seinem Befinden. Prüfen Sie wenn nötig Vitalzeichen und dokumentieren Sie diese.	Bei Übelkeit, Schmerzen, Unwohlsein sollte der Ablauf angepasst oder entsprechend vorbereitet werden.	☐ richtig ☐ falsch ☐ nicht ausgeführt
Arbeitsplatz einrichten	Schliessen Sie alle Fenster und Türen. Schicken Sie Besuch aus dem Zimmer. Installieren Sie gegebenenfalls einen Sichtschutz. Stellen Sie das Bett in eine rückenschonende Position. Sorgen Sie für ausreichende Beleuchtung.	Zugluft wird vermieden. Die Privatsphäre der Patientin/des Patienten wird gewahrt. Rückenschäden werden vermieden. Effiziente Arbeitsbedingungen werden geschaffen.	☐ richtig ☐ falsch ☐ nicht ausgeführt

HANDLUNGSSCHRITT	BESCHREIBUNG	BEGRÜNDUNG	BEOBACHTUNGEN
Vorbereitung			
Arbeitsfläche vorbereiten	Ziehen Sie zu Ihrem Schutz Einmalhandschuhe an und desinfizieren Sie die Arbeitsfläche mit einer Wischdesinfektion. Beachten Sie die Einwirkungszeit des Flächendesinfektionsmittels.	Das Desinfektionsmittel kann kanzerogen wirken oder Hautschädigungen verursachen. Die Desinfektion der Arbeitsfläche bewirkt eine Reduktion der Keime.	☐ richtig ☐ falsch ☐ nicht ausgeführt
Hände desinfizieren 	Führen Sie vor dem aseptischen Arbeiten mit Material eine korrekte Händedesinfektion (EN 1500) durch.	Eine Übertragung und Verbreitung von Mikroorganismen wird verhindert.	☐ richtig ☐ falsch ☐ nicht ausgeführt
Material vorbereiten 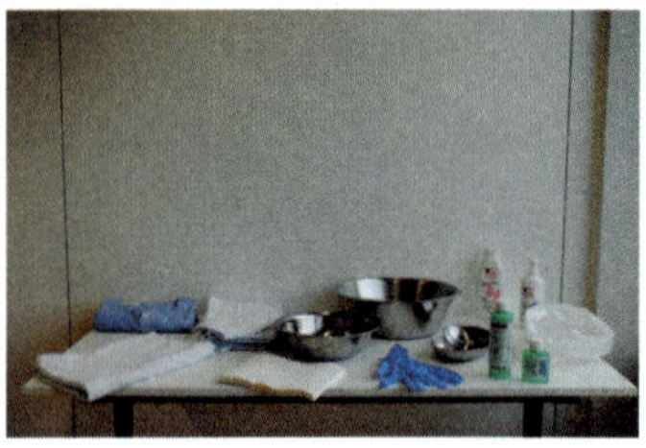	Legen Sie das Material auf der desinfizierten Arbeitsfläche bereit: – je 2 Handtücher und Waschlappen – 1 Badetuch – Einmalhandschuhe – Händedesinfektionsmittel – 2 Waschschüsseln – individuelle Pflegemittel – ggf. alles zur Intimpflege (siehe Handlungsabläufe *Intimpflege*, S. 32–45) – ggf. alles zur Haarpflege (siehe Handlungsablauf *Haarwäsche im Bett*, S. 46–53) – ggf. alles zur Mundpflege (siehe Arbeitsheft *Nahrung verabreichen*) – ggf. alles zur Rasur (siehe Handlungsablauf *Rasur/Bartpflege*, S. 75–81) – frisches Nachthemd/Pyjama oder ausgewählte Kleider nach Wunsch der Patientin/des Patienten – frische Bettwäsche – Abfallbeutel		☐ richtig ☐ falsch ☐ nicht ausgeführt

HANDLUNGSSCHRITT	BESCHREIBUNG	BEGRÜNDUNG	BEOBACHTUNGEN
Vorbereitung			
Wasser und Zusätze richten	Richten Sie das Wasser und die persönlichen Pflegeutensilien nach den Bedürfnissen der Patientin/des Patienten. Berücksichtigen Sie dabei die Hygienerichtlinien.	Die persönlichen Bedürfnisse der Patientin/des Patienten werden respektiert. Eine effiziente Arbeitsweise wird gewährleistet.	☐ richtig ☐ falsch ☐ nicht ausgeführt
Durchführung			
Patientin/Patienten informieren	Informieren Sie die Patientin/den Patienten noch einmal kurz über die nun folgenden Handlungsschritte. Kommunizieren Sie die einzelnen Schritte jeweils unmittelbar vor der durchzuführenden Handlung.	Die Patientin/Der Patient kann sich auf die Handlung einstellen.	☐ richtig ☐ falsch ☐ nicht ausgeführt
Lagerung vornehmen	Unterstützen Sie die Patientin/den Patienten dabei, eine bequeme Lage zur Durchführung der Ganzkörperwaschung einzunehmen, oder übernehmen Sie die Lagerung stellvertretend für die Patientin/den Patienten. Entfernen Sie allfällige Lagerungsmittel.	Eine bequeme Lagerung während der Waschung ist gewährleistet. Störendes Material wird entfernt. Eine Ganzkörperwaschung kann auch am Bettrand oder Waschbecken durchgeführt werden.	☐ richtig ☐ falsch ☐ nicht ausgeführt
Hände desinfizieren 	Führen Sie vor dem Kontakt mit der Patientin/dem Patienten eine korrekte Händedesinfektion (EN 1500) durch. Ziehen Sie bei Bedarf Einmalhandschuhe an.	Eine Übertragung von Mikroorganismen bei der Intimpflege und bei Mykosen oder anderen infektiösen Hauterkrankungen wird verhindert.	☐ richtig ☐ falsch ☐ nicht ausgeführt

HANDLUNGSSCHRITT	BESCHREIBUNG	BEGRÜNDUNG	BEOBACHTUNGEN
Durchführung			
Haut und Allgemeinzustand beobachten	Beobachten Sie während der Waschung den Allgemeinzustand der Patientin/des Patienten: körperliche Verfassung, Hygiene, kognitive Fähigkeiten, Kommunikationsverhalten, Bewegungen etc. Beobachten Sie insbesondere auch die Haut der Patientin/des Patienten: Hautfarbe, -turgor, -temperatur, -oberfläche, Augen, Zunge, Mundschleimhaut etc.	Die Haut ist das grösste Organ des menschlichen Körpers. Eine Vielzahl von Erkrankungen lassen sich durch Hautbeobachtung erkennen. Werden Veränderungen des Allgemeinzustandes und der Haut wahrgenommen, kann die Pflege entsprechend angepasst werden. Die Sicherheit der Patientin/des Patienten ist gewährleistet.	☐ richtig ☐ falsch ☐ nicht ausgeführt
Bei der Ganzkörperpflege unterstützen 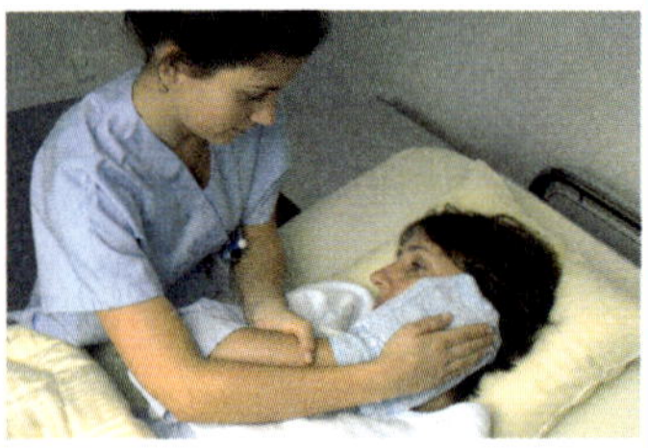	Waschen Sie am Anfang Hände und Gesicht der Patientin/des Patienten ohne Seife oder unterstützen Sie sie/ihn. Instruieren Sie die Patientin/den Patienten über das Vorgehen, beziehen Sie sie/ihn in die Handlung mit ein. Nasen-, Ohren- und Augenpflege richten sich nach dem Zustand und den Bedürfnissen der Patientin/des Patienten.	Es gilt, die Selbstständigkeit der Patientin/des Patienten zu fördern oder zu erhalten und den persönlichen Gewohnheiten und Bedürfnissen gerecht zu werden. Augen- (siehe S. 61–67), Nasen- (siehe S. 68–74), Zahn- (siehe S. 88–95) und Ohrenpflege (siehe S. 54–60) werden in eigenen Abschnitten behandelt.	☐ richtig ☐ falsch ☐ nicht ausgeführt
	Unterstützen Sie die Patientin/den Patienten beim Ausziehen der Oberbekleidung. Decken Sie Brust und Bauch mit dem Badetuch zu.	Die Intimsphäre wird gewährleistet. Die Patientin/der Patient wird vor Erkältungen geschützt.	☐ richtig ☐ falsch ☐ nicht ausgeführt
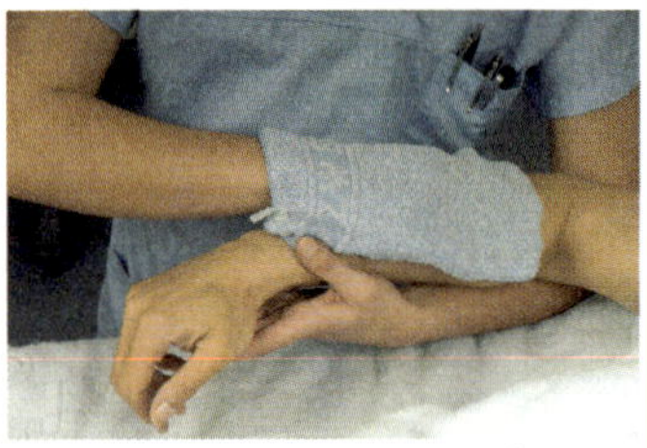	Waschen Sie die Arme. Legen Sie das Handtuch zum Abtrocknen unter den Arm der Patientin/des Patienten. Nehmen Sie etwas Flüssigseife auf den Waschlappen oder in die Waschschüssel.		☐ richtig ☐ falsch ☐ nicht ausgeführt

HANDLUNGSSCHRITT	BESCHREIBUNG	BEGRÜNDUNG	BEOBACHTUNGEN
Durchführung			
	Waschen Sie die Arme mit klaren kräftigen Strichen vom Handgelenk bis zur Schulter, beziehen Sie die Achselhöhle (Fossa axillaris) mit ein. Entfernen Sie sorgfältig alle Seifenrückstände mit klarem Wasser. Trocknen Sie die Haut nach dem Waschen ab (Kontrolle axillär, ob Rötungen oder offene Stellen vorhanden sind).	Sie setzen so klare Impulse beim Waschen und bieten Orientierung. Das Eingehen auf die Bedürfnisse der Patientin/des Patienten ist, gerade bei der Körperpflege, sehr relevant. Hautreinigungsmittel sollten mit möglichst klarem Wasser entfernt werden, der pH-Wert der Haut verändert sich bei Rückständen. Hautirritationen werden so vermieden.	☐ richtig ☐ falsch ☐ nicht ausgeführt
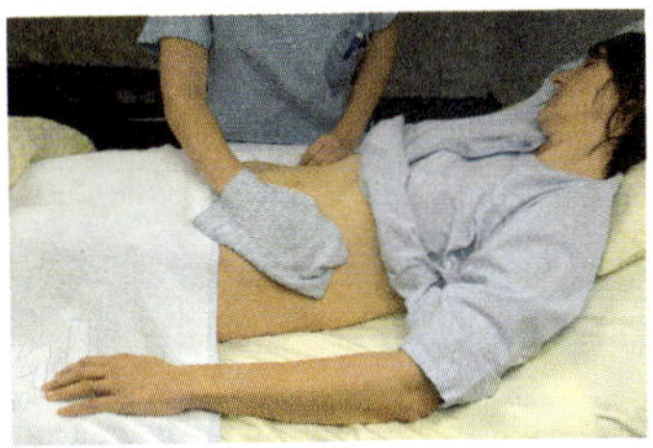	Entfernen Sie das Badetuch und waschen Sie die Brust und den Bauch der Patientin/des Patienten. Beobachten Sie auch die Haut unter den Brüsten genau. Reinigen Sie den Bauchnabel. Der Nabel ist gegebenenfalls mit Öl und Watteträger zu reinigen, um vorhandene Nabelsteine zu entfernen.		☐ richtig ☐ falsch ☐ nicht ausgeführt
	Trocknen Sie die Haut in den Hautfalten sehr gründlich ab. Schützen Sie die Intimsphäre, indem Sie nach dem Waschen die Brust mit dem Badetuch abdecken.		☐ richtig ☐ falsch ☐ nicht ausgeführt
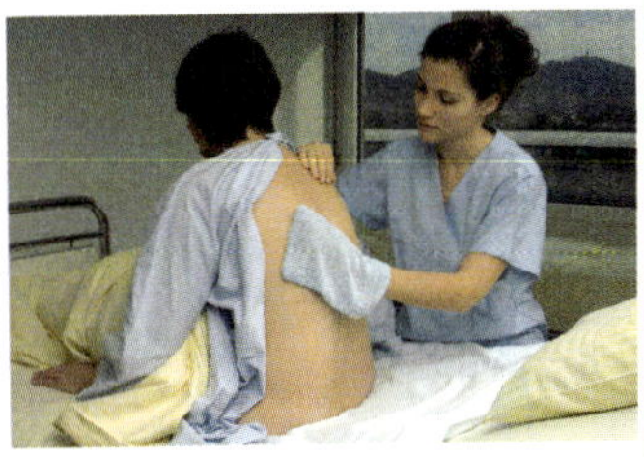	Unterstützen Sie die Patientin/den Patienten beim Aufsitzen oder Drehen des Körpers. Waschen Sie nun den Rücken mit kreisenden Bewegungen vom Nacken bis zur Höhe der Trochanter.		☐ richtig ☐ falsch ☐ nicht ausgeführt

HANDLUNGSSCHRITT	BESCHREIBUNG	BEGRÜNDUNG	BEOBACHTUNGEN
Durchführung			
	Entfernen Sie Seifenrückstände und trocknen Sie die Haut gut ab. Bieten Sie je nach Bedürfnissen der Patientin/des Patienten Deodorant oder Bodylotion an.		☐ richtig ☐ falsch ☐ nicht ausgeführt
	Lagern Sie den Oberkörper der Patientin/des Patienten bequem. Entfernen Sie das Duvet und falls vorhanden Pyjama- oder Trainerhosen. Bedecken Sie die Beine mit dem Badetuch.	Das Wohlbefinden wird gefördert. Die Bekleidung des Oberkörpers erfolgt nach den Bedürfnissen der Patientin/des Patienten unter Berücksichtigung ihres/seines aktuellen Zustands.	☐ richtig ☐ falsch ☐ nicht ausgeführt
	Wechseln Sie jetzt das Waschwasser.	Bei lokalen Entzündungen muss das Waschwasser unbedingt gewechselt werden, ebenso, wenn das Wasser stark verseift ist. Sind Hauterkrankungen (z. B. Mykosen, Ekzeme etc.) vorhanden, müssen spezielle Hygienerichtlinien beachtet werden, um eine Übertragung von Mikroorganismen zu vermeiden. Berücksichtigen Sie die Hygienestandards Ihrer Institution.	☐ richtig ☐ falsch ☐ nicht ausgeführt
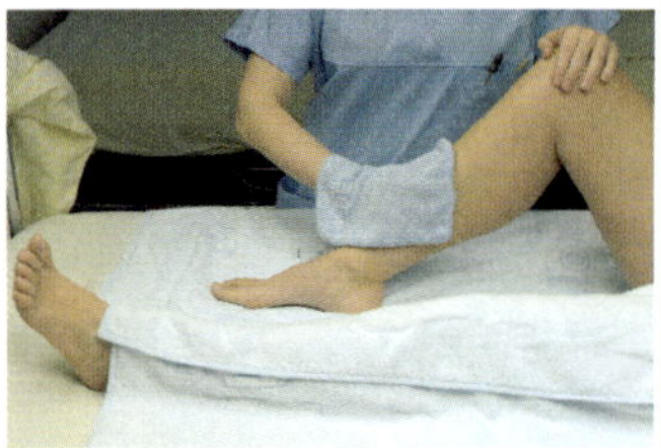	Unterlegen Sie ein Bein mit einem Handtuch. Waschen Sie mit kräftigen Bewegungen die Beine von distal nach proximal. Trocknen Sie die Beine sorgfältig ab.	Zur Förderung des venösen Rückflusses werden die Beine von distal nach proximal gewaschen und abgetrocknet. Sie setzen klare Impulse. Die Durchblutung wird angeregt und die Haut kann gleichzeitig kontrolliert und gepflegt werden.	☐ richtig ☐ falsch ☐ nicht ausgeführt

HANDLUNGSSCHRITT	BESCHREIBUNG	BEGRÜNDUNG	BEOBACHTUNGEN
Durchführung			
	Waschen Sie die Füsse und die Zehenzwischenräume. Trocknen Sie Zehenzwischenräume und Füsse sorgfältig. Pflegen Sie Füsse und Beine bei Bedarf mit Bodylotion oder speziellen Cremen.	Bei bestehenden Mykosen müssen beim Waschen der Füsse unbedingt Handschuhe getragen werden, um das Verschleppen von Mikroorganismen zu vermeiden. Intertrigo soll vermieden werden. Intimpflege und Waschung des Gesässes erfolgen nach der Oberkörper- und vor der Unterkörperwaschung nach separaten Handlungsabläufen (siehe Handlungsabläufe *Intimpflege*, S. 32–45).	☐ richtig ☐ falsch ☐ nicht ausgeführt
	Decken Sie die Beine der Patientin/des Patienten zu.	Sie vermeiden so ein Auskühlen und bieten Sichtschutz. Das Wohlbefinden wird gefördert. Aspekte des Krankheitsgeschehens werden berücksichtigt.	☐ richtig ☐ falsch ☐ nicht ausgeführt
	Die Bekleidung des Unterkörpers erfolgt nach den Bedürfnissen der Patientin/des Patienten unter Berücksichtigung ihres/seines aktuellen Zustands.	Das Wohlbefinden wird gefördert, die persönlichen Gewohnheiten aufrechterhalten.	☐ richtig ☐ falsch ☐ nicht ausgeführt
	Achten Sie darauf, dass die Patientin/der Patient ihren/seinen Gewohnheiten nachkommen kann, indem Sie gegebenenfalls Parfüm, Schminke etc. anbieten.	Das Wohlbefinden wird gefördert.	☐ richtig ☐ falsch ☐ nicht ausgeführt
	Kämmen Sie die Haare. Bieten Sie eine Zahnpflege bzw. Prothesenreinigung an (siehe Handlungsablauf *Zahnpflege/Zahnprothesenpflege*, S. 88–95).		☐ richtig ☐ falsch ☐ nicht ausgeführt

HANDLUNGSSCHRITT	BESCHREIBUNG	BEGRÜNDUNG	BEOBACHTUNGEN
Durchführung			
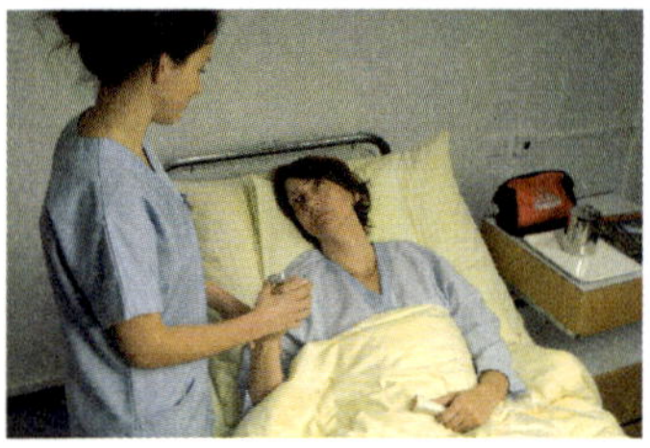	Lassen Sie die Patientin/den Patienten eine bequeme und schmerzfreie Lage einnehmen. Integrieren Sie vorhandene Lagerungsmaterialien. Fragen Sie die Patientin/den Patienten nach Wünschen und Befinden, bieten Sie etwas zu trinken an.	Eine sichere und bequeme Lagerung wird gewährleistet.	☐ richtig ☐ falsch ☐ nicht ausgeführt
Nachbereitung			
Hände desinfizieren 	Führen Sie nach dem Ausziehen der Handschuhe und nach Tätigkeiten mit potenziell infektiösem Material eine korrekte Händedesinfektion (EN 1500) durch.	Eine Übertragung und Verbreitung von Mikroorganismen wird verhindert.	☐ richtig ☐ falsch ☐ nicht ausgeführt
Pflegeintervention abschliessen	Versichern Sie sich, dass die Patientin/der Patient Ihre Anweisungen verstanden hat. Fragen Sie nach, ob sie/er zufrieden ist, und klären Sie, ob weitere Fragen oder Unsicherheiten bestehen. Stellen Sie sicher, dass die Patientin/der Patient bequem liegt, und stellen Sie das Bett wieder in die Ausgangsposition.		☐ richtig ☐ falsch ☐ nicht ausgeführt
Präsenzlicht ausschalten	Versichern Sie sich, dass die Glocke für die Patientin/den Patienten in Griffnähe ist, und schalten Sie das Präsenzlicht aus.	Die Patientin/Der Patient kann jederzeit klingeln, wenn sie/er Hilfe braucht, und ein Fehlalarm wird durch das Ausschalten des Präsenzlichtes vermieden.	☐ richtig ☐ falsch ☐ nicht ausgeführt
Material nachbereiten	Entsorgen Sie das Einwegmaterial im Abfallbehälter und führen Sie eine korrekte Reinigung der Arbeitsfläche, Mehrwegmaterialien und Instrumente durch.		☐ richtig ☐ falsch ☐ nicht ausgeführt

HANDLUNGSSCHRITT	BESCHREIBUNG	BEGRÜNDUNG	BEOBACHTUNGEN
Nachbereitung			
Hände desinfizieren 	Führen Sie nach Abschluss der Handlung eine korrekte Händedesinfektion (EN 1500) durch.	Eine Übertragung und Verbreitung von Mikroorganismen wird verhindert.	☐ richtig ☐ falsch ☐ nicht ausgeführt
Beobachtungen und Pflegeintervention dokumentieren	Halten Sie die Pflegeintervention und Ihre Beobachtungen in der Pflegedokumentation fest.	Die Pflegekontinuität wird sichergestellt.	☐ richtig ☐ falsch ☐ nicht ausgeführt

Notizen

3.2 Intimpflege der Frau

Arbeitsauftrag

Training

Führen Sie den Handlungsablauf *Intimpflege beim femininen Beckenmodell im Bett* korrekt durch.

Auftrag

1. Organisieren Sie sich in der Gruppe und weisen Sie folgende Rollen zu:
   - 1 Pflegefachperson
   - 1 Patientin mit Beckenmodell
   - 1 Beobachterin/Beobachter
2. Führen Sie das Training gemäss Handlungsablauf durch.
3. Dokumentieren Sie Ihre Beobachtungen.
4. Reflektieren Sie die Simulation und geben Sie Feedback anhand folgender Fragen:

   Pflegefachperson
   - Was ist mir gelungen? Wo fühlte ich mich sicher?
   - Wo traten Schwierigkeiten oder Unsicherheiten auf?
   - Welche Erkenntnisse ziehe ich daraus?

   Patientin
   - Wie wurde ich in die Handlung einbezogen?
   - Wurde ich kompetent informiert?
   - Wurde meine Intimsphäre geschützt?
   - Wurden alle meine Bedürfnisse berücksichtigt?
   - Wurden meine Fragen zufriedenstellend beantwortet?

   Beobachterin/Beobachter
   - Wurde das Material vollständig und korrekt vorbereitet?
   - War das Vorgehen gemäss dem Handlungsablauf korrekt?
   - Wurden die Prinzipien der Hygiene eingehalten?
   - Hatte die Patientin Gelegenheit, Fragen zu stellen oder Unsicherheiten zu äussern?
   - Wurde die Patientin laufend informiert?
5. Wechseln Sie die Rollen, bis jede Person alle Rollen eingenommen hat.

Sozialform

Gruppenarbeit

Zeit

20 Minuten

Handlungsablauf

HANDLUNGSSCHRITT	BESCHREIBUNG	BEGRÜNDUNG	BEOBACHTUNGEN
Vorbereitung			
Pflegedokumentation prüfen	Informieren Sie sich in der Pflegedokumentation über die Verordnung und den Zustand der Patientin.	Sie verhindern so, dass notwendiges Material fehlt, setzen Ressourcen optimal ein und vermeiden Komplikationen.	☐ richtig ☐ falsch ☐ nicht ausgeführt
Präsenzlicht einschalten	Schalten Sie das Präsenzlicht ein.	Das Präsenzlicht markiert im Flur die Anwesenheit einer Pflegefachperson im Zimmer der Patientin. Sie haben so die Möglichkeit, bei einem Notfall Alarm auszulösen.	☐ richtig ☐ falsch ☐ nicht ausgeführt
Hände desinfizieren 	Führen Sie vor Kontakt mit der Patientin eine korrekte Händedesinfektion (EN 1500) durch.	Eine Übertragung und Verbreitung von Mikroorganismen wird verhindert.	☐ richtig ☐ falsch ☐ nicht ausgeführt
Patientin vorbereiten	Begrüssen Sie die Patientin und stellen Sie sich, falls noch nicht geschehen, mit Namen und Funktion vor. Erklären Sie den Anlass und die Dauer der bevorstehenden Pflegehandlung. Holen Sie das Einverständnis der Patientin ein. Fragen Sie nach Wünschen.	Die Patientin weiss stets, welche Massnahmen an ihr vorgesehen sind. Eine korrekte und verständliche Information fördert die Akzeptanz und das Vertrauen der Patientin. Sie fühlt sich respektiert.	☐ richtig ☐ falsch ☐ nicht ausgeführt
Vitalzeichen prüfen und Befinden erfragen	Fragen Sie die Patientin nach ihrem Befinden. Prüfen Sie wenn nötig Vitalzeichen und dokumentieren Sie diese.	Bei Übelkeit, Schmerzen, Unwohlsein sollte der Ablauf angepasst oder entsprechend vorbereitet werden.	☐ richtig ☐ falsch ☐ nicht ausgeführt
Arbeitsplatz einrichten	Schliessen Sie alle Fenster und Türen. Schicken Sie Besuch aus dem Zimmer. Installieren Sie gegebenenfalls einen Sichtschutz. Stellen Sie das Bett in eine rückenschonende Position. Sorgen Sie für ausreichende Beleuchtung.	Zugluft wird vermieden. Die Privatsphäre der Patientin wird gewahrt. Rückenschäden werden vermieden. Effiziente Arbeitsbedingungen werden geschaffen.	☐ richtig ☐ falsch ☐ nicht ausgeführt

HANDLUNGSSCHRITT	BESCHREIBUNG	BEGRÜNDUNG	BEOBACHTUNGEN
Vorbereitung			
Arbeitsfläche vorbereiten	Ziehen Sie zu Ihrem Schutz Einmalhandschuhe an und desinfizieren Sie die Arbeitsfläche mit einer Wischdesinfektion. Beachten Sie die Einwirkungszeit des Flächendesinfektionsmittels.	Das Desinfektionsmittel kann kanzerogen wirken oder Hautschädigungen verursachen. Die Desinfektion der Arbeitsfläche bewirkt eine Reduktion der Keime.	☐ richtig ☐ falsch ☐ nicht ausgeführt
Hände desinfizieren 	Führen Sie vor dem aseptischen Arbeiten mit Material eine korrekte Händedesinfektion (EN 1500) durch.	Eine Übertragung und Verbreitung von Mikroorganismen wird verhindert.	☐ richtig ☐ falsch ☐ nicht ausgeführt
Material vorbereiten	Legen Sie das Material auf der desinfizierten Arbeitsfläche bereit: – 1 Handtuch und 1 Waschlappen – 1 Badetuch – Einmalhandschuhe – mindestens 5 Intimpflegetücher – 1 Waschschüssel – individuelle Pflegemittel – ggf. Einlagen/Inkontinenzhilfen – Abfallbeutel – Waschlotion oder Syndets (keine Seife!)	Seife würde die natürliche pH-Regulierung aufheben und könnte damit die Funktionen der Schleimhaut beeinträchtigen.	☐ richtig ☐ falsch ☐ nicht ausgeführt
Wasser und Zusätze richten	Richten Sie das Wasser und passen Sie die Temperatur dem Wunsch der Patientin an. Geben Sie dem Waschwasser keine Seifenzusätze bei. Waschlotion oder Syndets werden direkt auf den Waschlappen aufgetragen.	Die Bedürfnisse und Gewohnheiten der Patientin werden berücksichtigt.	☐ richtig ☐ falsch ☐ nicht ausgeführt

HANDLUNGSSCHRITT	BESCHREIBUNG	BEGRÜNDUNG	BEOBACHTUNGEN
Durchführung			
Patientin informieren	Informieren Sie die Patientin noch einmal kurz über die nun folgenden Handlungsschritte. Kommunizieren Sie die einzelnen Schritte jeweils unmittelbar vor der durchzuführenden Handlung.	Die Patientin kann sich auf die Handlung einstellen.	☐ richtig ☐ falsch ☐ nicht ausgeführt
Lagerung vornehmen	Lagern Sie die Patientin so, dass ein reibungsloser Ablauf der Pflegeintervention möglich ist. Entfernen Sie allfällige Lagerungsmittel.	Die Patientin fühlt sich wohl und kann bei der Pflege eventuell unterstützend mithelfen. Dadurch, dass die Lagerungsmittel entfernt werden, ist ihre Bewegungsfreiheit grösser.	☐ richtig ☐ falsch ☐ nicht ausgeführt
Intimsphäre wahren	Schützen Sie die Intimsphäre der Patientin, indem Sie die Intimzone der Patientin mit einem Leintuch, Badetuch oder dem Nachthemd abdecken. Grundsätzlich gilt es zu beachten, dass nur die Körperstelle, die im Moment gewaschen wird, entkleidet ist. Alle anderen Körperstellen sind geschützt.	Die Intimsphäre ist gewahrt, Schamgefühle werden berücksichtigt.	☐ richtig ☐ falsch ☐ nicht ausgeführt
Hände desinfizieren 	Führen Sie vor dem Kontakt mit der Patientin eine korrekte Händedesinfektion (EN 1500) durch und ziehen Sie Einmalhandschuhe an. Tragen Sie bei der Pflege der Genitalien und des Gesässes immer Einmalhandschuhe.	Eine Übertragung von Mikroorganismen bei der Intimpflege und bei Mykosen oder anderen infektiösen Hauterkrankungen wird verhindert.	☐ richtig ☐ falsch ☐ nicht ausgeführt
Haut beobachten	Beobachten Sie während des Waschvorgangs die Hautverhältnisse des Intimbereichs.	Eine Vielzahl von Erkrankungen lassen sich durch Hautbeobachtung erkennen. Die Pflege kann entsprechend angepasst werden. Die Sicherheit der Patientin ist gewährleistet.	☐ richtig ☐ falsch ☐ nicht ausgeführt

HANDLUNGSSCHRITT	BESCHREIBUNG	BEGRÜNDUNG	BEOBACHTUNGEN
Durchführung			
Genitalbereich waschen	Waschen Sie zunächst die Bauchdecke und die Leisten.		☐ richtig ☐ falsch ☐ nicht ausgeführt
	Lassen Sie die Patientin die Beine aufstellen und spreizen. Waschen Sie immer in der Waschrichtung von der Symphyse zum Anus.	Dadurch wird verhindert, dass Keime aus dem Analbereich in den Vaginalbereich eingeschleppt werden.	☐ richtig ☐ falsch ☐ nicht ausgeführt
	Verwenden Sie jede Seite des Intimpflegetuches nur einmal. Waschen Sie nun die äusseren Labien und spreizen Sie diese mit Daumen und Zeigfinger, damit die kleinen Labien gewaschen werden können. Tupfen Sie den Intimbereich vorsichtig ab.	Damit wird eine Verschleppung von Mikroorganismen verhindert.	☐ richtig ☐ falsch ☐ nicht ausgeführt
	Entsorgen Sie die Intimpflegetücher direkt in den Abfallbeutel. Deponieren Sie den Abfallbeutel nie auf dem Patientenbett.		☐ richtig ☐ falsch ☐ nicht ausgeführt
	Decken Sie den Intimbereich mit dem Badetuch ab. Lagern Sie die Patientin auf die Seite.	So schützen Sie die Intimsphäre der Patientin und bereiten den nächsten Handlungsschritt vor.	☐ richtig ☐ falsch ☐ nicht ausgeführt
Gesäss und Analbereich waschen	Waschen Sie die oben liegende Gesässhälfte mit dem Waschlappen. Reinigen Sie Anus und Gesässspalte mit einem Intimpflegetuch in Richtung Kreuzbein.	Damit verhindert man eine Verschleppung von Darmbakterien in Richtung Harnröhre.	☐ richtig ☐ falsch ☐ nicht ausgeführt

HANDLUNGSSCHRITT	BESCHREIBUNG	BEGRÜNDUNG	BEOBACHTUNGEN
Durchführung			
	Trocknen Sie die gewaschenen Partien sorgfältig ab. Cremen Sie bei Bedarf das Gesäss mit Hautpflegemittel ein und achten Sie darauf, dass das Pflegemittel gut einmassiert wird. Drehen Sie die Patientin auf die andere Seite und wiederholen Sie den Vorgang.	So wird Hautaustrocknung vermieden und die Durchblutung unterstützt.	☐ richtig ☐ falsch ☐ nicht ausgeführt
	Ziehen Sie der Patientin nach der Intimpflege geeignete Einlagen/Inkontinenzhilfen und gegebenenfalls Unterwäsche an.	Das Wohlbefinden wird gefördert.	☐ richtig ☐ falsch ☐ nicht ausgeführt
Lagerung vornehmen	Lassen Sie die Patientin eine bequeme und schmerzfreie Lage einnehmen. Betten Sie allfällige Lagerungsmittel wieder ein. Fragen Sie die Patientin nach Wünschen und Befinden, bieten Sie etwas zu trinken an.	Das Wohlbefinden wird gefördert.	☐ richtig ☐ falsch ☐ nicht ausgeführt
Nachbereitung			
Hände desinfizieren 	Führen Sie nach dem Ausziehen der Handschuhe und nach Tätigkeiten mit potenziell infektiösem Material eine korrekte Händedesinfektion (EN 1500) durch.	Eine Übertragung und Verbreitung von Mikroorganismen wird verhindert.	☐ richtig ☐ falsch ☐ nicht ausgeführt
Pflegeintervention abschliessen	Versichern Sie sich, dass die Patientin Ihre Anweisungen verstanden hat. Fragen Sie nach, ob sie zufrieden ist, und klären Sie, ob weitere Fragen oder Unsicherheiten bestehen. Stellen Sie sicher, dass die Patientin bequem liegt, und stellen Sie das Bett wieder in die Ausgangsposition.		☐ richtig ☐ falsch ☐ nicht ausgeführt

HANDLUNGSSCHRITT	BESCHREIBUNG	BEGRÜNDUNG	BEOBACHTUNGEN
Nachbereitung			
Präsenzlicht ausschalten	Versichern Sie sich, dass die Glocke für die Patientin in Griffnähe ist, und schalten Sie das Präsenzlicht aus.	Die Patientin kann jederzeit klingeln, wenn sie Hilfe braucht, und ein Fehlalarm wird durch das Ausschalten des Präsenzlichtes vermieden.	☐ richtig ☐ falsch ☐ nicht ausgeführt
Material nachbereiten	Entsorgen Sie das Einwegmaterial im Abfallbehälter und führen Sie eine korrekte Reinigung der Arbeitsfläche, Mehrwegmaterialien und Instrumente durch.		☐ richtig ☐ falsch ☐ nicht ausgeführt
Hände desinfizieren 	Führen Sie nach Abschluss der Handlung eine korrekte Händedesinfektion (EN 1500) durch.	Eine Übertragung und Verbreitung von Mikroorganismen wird verhindert.	☐ richtig ☐ falsch ☐ nicht ausgeführt
Beobachtungen und Pflegeintervention dokumentieren	Halten Sie die Pflegeintervention und Ihre Beobachtungen in der Pflegedokumentation fest.	Die Pflegekontinuität wird sichergestellt.	☐ richtig ☐ falsch ☐ nicht ausgeführt

Notizen

3.3 Intimpflege des Mannes

Arbeitsauftrag

Training

Führen Sie den Handlungsablauf *Intimpflege beim maskulinen Beckenmodell im Bett* korrekt durch.

Auftrag

1. Organisieren Sie sich in der Gruppe und weisen Sie folgende Rollen zu:
   - 1 Pflegefachperson
   - 1 Patient mit Beckenmodell
   - 1 Beobachterin/Beobachter
2. Führen Sie das Training gemäss Handlungsablauf durch.
3. Dokumentieren Sie Ihre Beobachtungen.
4. Reflektieren Sie die Simulation und geben Sie Feedback anhand folgender Fragen:

   Pflegefachperson
   - Was ist mir gelungen? Wo fühlte ich mich sicher?
   - Wo traten Schwierigkeiten oder Unsicherheiten auf?
   - Welche Erkenntnisse ziehe ich daraus?

   Patient
   - Wie wurde ich in die Handlung einbezogen?
   - Wurde ich kompetent informiert?
   - Wurde meine Intimsphäre geschützt?
   - Wurden alle meine Bedürfnisse berücksichtigt?
   - Wurden meine Fragen zufriedenstellend beantwortet?

   Beobachterin/Beobachter
   - Wurde das Material vollständig und korrekt vorbereitet?
   - War das Vorgehen gemäss dem Handlungsablauf korrekt?
   - Wurden die Prinzipien der Hygiene eingehalten?
   - Hatte der Patient Gelegenheit, Fragen zu stellen oder Unsicherheiten zu äussern?
   - Wurde der Patient laufend informiert?
5. Wechseln Sie die Rollen, bis jede Person alle Rollen eingenommen hat.

Sozialform

Gruppenarbeit

Zeit

20 Minuten

Handlungsablauf

HANDLUNGSSCHRITT	BESCHREIBUNG	BEGRÜNDUNG	BEOBACHTUNGEN
Vorbereitung			
Pflegedokumentation prüfen	Informieren Sie sich in der Pflegedokumentation über die Verordnung und den Zustand des Patienten.	Sie verhindern so, dass notwendiges Material fehlt, setzen Ressourcen optimal ein und vermeiden Komplikationen.	☐ richtig ☐ falsch ☐ nicht ausgeführt
Präsenzlicht einschalten	Schalten Sie das Präsenzlicht ein.	Das Präsenzlicht markiert im Flur die Anwesenheit einer Pflegefachperson im Zimmer des Patienten. Sie haben so die Möglichkeit, bei einem Notfall Alarm auszulösen.	☐ richtig ☐ falsch ☐ nicht ausgeführt
Hände desinfizieren 	Führen Sie vor Kontakt mit dem Patienten eine korrekte Händedesinfektion (EN 1500) durch.	Eine Übertragung und Verbreitung von Mikroorganismen wird verhindert.	☐ richtig ☐ falsch ☐ nicht ausgeführt
Patienten vorbereiten	Begrüssen Sie den Patienten und stellen Sie sich, falls noch nicht geschehen, mit Namen und Funktion vor. Erklären Sie den Anlass und die Dauer der bevorstehenden Pflegehandlung. Holen Sie das Einverständnis des Patienten ein. Fragen Sie nach Wünschen.	Der Patient weiss stets, welche Massnahmen an ihm vorgesehen sind. Eine korrekte und verständliche Information fördert die Akzeptanz und das Vertrauen des Patienten. Er fühlt sich respektiert.	☐ richtig ☐ falsch ☐ nicht ausgeführt
Vitalzeichen prüfen und Befinden erfragen	Fragen Sie den Patienten nach seinem Befinden. Prüfen Sie wenn nötig Vitalzeichen und dokumentieren Sie diese.	Bei Übelkeit, Schmerzen, Unwohlsein sollte der Ablauf angepasst oder entsprechend vorbereitet werden.	☐ richtig ☐ falsch ☐ nicht ausgeführt
Arbeitsplatz einrichten	Schliessen Sie alle Fenster und Türen. Schicken Sie Besuch aus dem Zimmer. Installieren Sie gegebenenfalls einen Sichtschutz. Stellen Sie das Bett in eine rückenschonende Position. Sorgen Sie für ausreichende Beleuchtung.	Zugluft wird vermieden. Die Privatsphäre des Patienten wird gewahrt. Rückenschäden werden vermieden. Effiziente Arbeitsbedingungen werden geschaffen.	☐ richtig ☐ falsch ☐ nicht ausgeführt

HANDLUNGSSCHRITT	BESCHREIBUNG	BEGRÜNDUNG	BEOBACHTUNGEN
Vorbereitung			
Arbeitsfläche vorbereiten	Ziehen Sie zu Ihrem Schutz Einmalhandschuhe an und desinfizieren Sie die Arbeitsfläche mit einer Wischdesinfektion. Beachten Sie die Einwirkungszeit des Flächendesinfektionsmittels.	Das Desinfektionsmittel kann kanzerogen wirken oder Hautschädigungen verursachen. Die Desinfektion der Arbeitsfläche bewirkt eine Reduktion der Keime.	☐ richtig ☐ falsch ☐ nicht ausgeführt
Hände desinfizieren 	Führen Sie vor dem aseptischen Arbeiten mit Material eine korrekte Händedesinfektion (EN 1500) durch.	Eine Übertragung und Verbreitung von Mikroorganismen wird verhindert.	☐ richtig ☐ falsch ☐ nicht ausgeführt
Material vorbereiten	Legen Sie das Material auf der desinfizierten Arbeitsfläche bereit: – 1 Handtuch und 1 Waschlappen – 1 Badetuch – Einmalhandschuhe – mindestens 5 Intimpflegetücher – Waschschüssel – individuelle Pflegemittel – ggf. Einlagen/Inkontinenzhilfen – Abfallbeutel – Waschlotion oder Syndets (keine Seife!)	Seife würde die natürliche pH-Regulierung aufheben und könnte damit die Funktionen der Schleimhaut beeinträchtigen.	☐ richtig ☐ falsch ☐ nicht ausgeführt
Wasser und Zusätze richten	Richten Sie das Wasser und passen Sie die Temperatur dem Wunsch des Patienten an. Geben Sie dem Waschwasser keine Seifenzusätze bei. Waschlotion oder Syndets werden direkt auf den Waschlappen bzw. auf das Intimpflegetuch aufgetragen.	Die Bedürfnisse und Gewohnheiten des Patienten werden berücksichtigt.	☐ richtig ☐ falsch ☐ nicht ausgeführt

HANDLUNGSSCHRITT	BESCHREIBUNG	BEGRÜNDUNG	BEOBACHTUNGEN
Durchführung			
Patienten informieren	Informieren Sie den Patienten noch einmal kurz über die nun folgenden Handlungsschritte. Kommunizieren Sie die einzelnen Schritte jeweils unmittelbar vor der durchzuführenden Handlung.	Der Patient kann sich auf die Handlung einstellen.	☐ richtig ☐ falsch ☐ nicht ausgeführt
Lagerung vornehmen	Lagern Sie den Patienten so, dass ein reibungsloser Ablauf der Pflegeintervention möglich ist. Entfernen Sie allfällige Lagerungsmittel.	Der Patient fühlt sich wohl und kann bei der Pflege eventuell unterstützend mithelfen. Dadurch, dass die Lagerungsmittel entfernt werden, ist seine Bewegungsfreiheit grösser.	☐ richtig ☐ falsch ☐ nicht ausgeführt
Intimsphäre wahren	Schützen Sie die Intimsphäre des Patienten, indem Sie die Intimzone des Patienten mit Leintuch, Badetuch oder Nachthemd abdecken. Grundsätzlich gilt es zu beachten, dass nur die Körperstelle, die im Moment gewaschen wird, entkleidet ist. Alle anderen Körperstellen sind geschützt.	Die Intimsphäre ist gewahrt, Schamgefühle werden berücksichtigt.	☐ richtig ☐ falsch ☐ nicht ausgeführt
Hände desinfizieren 	Führen Sie vor dem Kontakt mit dem Patienten eine korrekte Händedesinfektion (EN 1500) durch und ziehen Sie Einmalhandschuhe an. Tragen Sie bei der Pflege der Genitalien und des Gesässes immer Einmalhandschuhe.	Eine Übertragung von Mikroorganismen bei der Intimpflege und bei Mykosen oder anderen infektiösen Hauterkrankungen wird verhindert.	☐ richtig ☐ falsch ☐ nicht ausgeführt
Haut beobachten	Beobachten Sie während des Waschvorgangs die Hautverhältnisse des Intimbereichs.	Eine Vielzahl von Erkrankungen lassen sich durch Hautbeobachtung erkennen. Die Pflege kann entsprechend angepasst werden. Die Sicherheit des Patienten ist gewährleistet.	☐ richtig ☐ falsch ☐ nicht ausgeführt

HANDLUNGSSCHRITT	BESCHREIBUNG	BEGRÜNDUNG	BEOBACHTUNGEN
Durchführung			
Genitalbereich waschen	Waschen Sie zunächst Bauchdecke und die Leisten.		☐ richtig ☐ falsch ☐ nicht ausgeführt
	Verwenden Sie jede Seite des Intimpflegetuchs nur einmal. Halten Sie den Penis mit der einen Hand und waschen Sie mit dem Intimpflegetuch in der anderen Hand von der Peniswurzel bis zum Präputium (Vorhaut).		☐ richtig ☐ falsch ☐ nicht ausgeführt
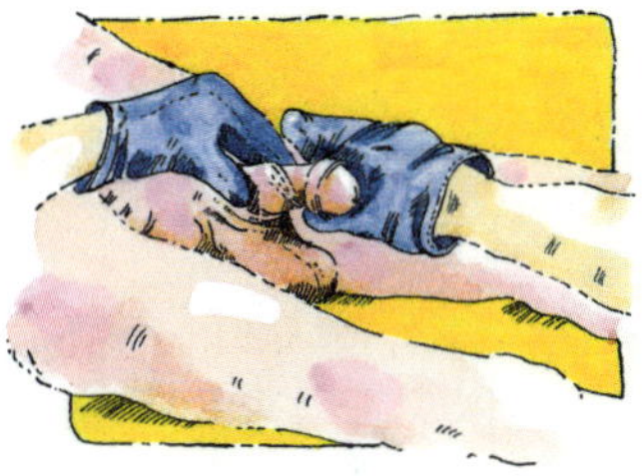	Ziehen Sie danach vorsichtig das Präputium zurück und entfernen Sie mit der anderen Seite des Intimpflegetuchs das Smegma (angesammeltes Sekret) hinter der Eichel.	Es ist sehr wichtig, das Präputium zurück- und auch wieder vorzustreifen. Wird dies vergessen, so kann es zu einer Paraphimose kommen (Stauungsschwellung der Eichel mit Nekrosebildung).	☐ richtig ☐ falsch ☐ nicht ausgeführt
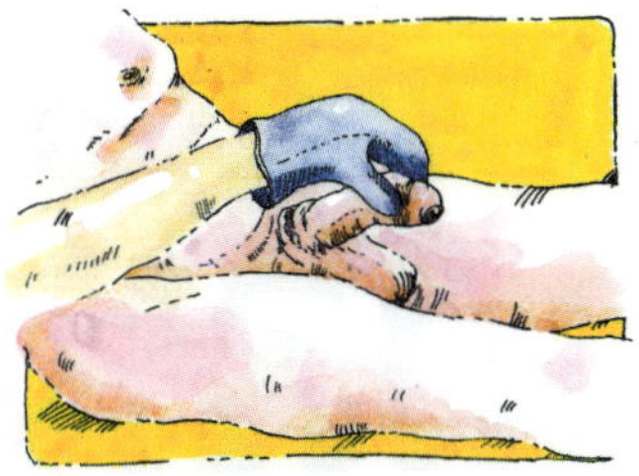	Waschen Sie den Penisschaft und heben Sie das Skrotum mit der Hand an. Trocknen Sie nun den Penisschaft vorsichtig tupfend ab. Ziehen Sie danach das Präputium wieder nach vorne.	Damit wird eine Verschleppung von Mikroorganismen verhindert.	☐ richtig ☐ falsch ☐ nicht ausgeführt
	Entsorgen Sie die Intimpflegetücher direkt in den Abfallbeutel. Deponieren Sie den Abfallbeutel nie auf dem Patientenbett.		☐ richtig ☐ falsch ☐ nicht ausgeführt
	Decken Sie den Intimbereich mit dem Badetuch ab. Lagern Sie den Patienten auf die Seite.	So schützen Sie die Intimsphäre des Patienten und bereiten den nächsten Handlungsschritt vor.	☐ richtig ☐ falsch ☐ nicht ausgeführt

HANDLUNGSSCHRITT	BESCHREIBUNG	BEGRÜNDUNG	BEOBACHTUNGEN
Durchführung			
Gesäss und Analbereich waschen	Waschen Sie die oben liegende Gesässhälfte mit dem Waschlappen. Reinigen Sie mit einem Intimpflegetuch Anus und Gesässspalte in Richtung Kreuzbein.	Damit verhindert man eine Verschleppung von Darmbakterien in Richtung Harnröhre.	☐ richtig ☐ falsch ☐ nicht ausgeführt
	Trocknen Sie die gewaschenen Partien sorgfältig ab. Cremen Sie bei Bedarf das Gesäss mit Hautpflegemittel ein und achten Sie darauf, dass das Pflegemittel gut einmassiert wird. Drehen Sie den Patienten auf die andere Seite und wiederholen Sie den Vorgang.	So wird Hautaustrocknung vermieden und die Durchblutung unterstützt.	☐ richtig ☐ falsch ☐ nicht ausgeführt
	Ziehen Sie dem Patienten nach der Intimpflege geeignete Einlagen/Inkontinenzhilfen und gegebenenfalls Unterwäsche an.	Das Wohlbefinden wird gefördert.	☐ richtig ☐ falsch ☐ nicht ausgeführt
Lagerung vornehmen	Lassen Sie den Patienten eine bequeme und schmerzfreie Lage einnehmen. Betten Sie allfällige Lagerungsmittel wieder ein. Fragen Sie den Patienten nach Wünschen und Befinden, bieten Sie etwas zu trinken an.	Das Wohlbefinden wird gefördert.	☐ richtig ☐ falsch ☐ nicht ausgeführt
Nachbereitung			
Hände desinfizieren 	Führen Sie nach dem Ausziehen der Handschuhe und nach Tätigkeiten mit potenziell infektiösem Material eine korrekte Händedesinfektion (EN 1500) durch.	Eine Übertragung und Verbreitung von Mikroorganismen wird verhindert.	☐ richtig ☐ falsch ☐ nicht ausgeführt

HANDLUNGSSCHRITT	BESCHREIBUNG	BEGRÜNDUNG	BEOBACHTUNGEN
Nachbereitung			
Pflegeintervention abschliessen	Versichern Sie sich, dass der Patient Ihre Anweisungen verstanden hat. Fragen Sie nach, ob er zufrieden ist, und klären Sie, ob weitere Fragen oder Unsicherheiten bestehen. Stellen Sie sicher, dass der Patient bequem liegt, und stellen Sie das Bett wieder in die Ausgangsposition.		☐ richtig ☐ falsch ☐ nicht ausgeführt
Präsenzlicht ausschalten	Versichern Sie sich, dass die Glocke für den Patienten in Griffnähe ist, und schalten Sie das Präsenzlicht aus.	Der Patient kann jederzeit klingeln, wenn er Hilfe braucht, und ein Fehlalarm wird durch das Ausschalten des Präsenzlichtes vermieden.	☐ richtig ☐ falsch ☐ nicht ausgeführt
Material nachbereiten	Entsorgen Sie das Einwegmaterial im Abfallbehälter und führen Sie eine korrekte Reinigung der Arbeitsfläche, Mehrwegmaterialien und Instrumente durch.		☐ richtig ☐ falsch ☐ nicht ausgeführt
Hände desinfizieren 	Führen Sie nach Abschluss der Handlung eine korrekte Händedesinfektion (EN 1500) durch.	Eine Übertragung und Verbreitung von Mikroorganismen wird verhindert.	☐ richtig ☐ falsch ☐ nicht ausgeführt
Beobachtungen und Pflegeintervention dokumentieren	Halten Sie die Pflegeintervention und Ihre Beobachtungen in der Pflegedokumentation fest.	Die Pflegekontinuität wird sichergestellt.	☐ richtig ☐ falsch ☐ nicht ausgeführt

3.4 Haarwäsche im Bett

Arbeitsauftrag

Training

Führen Sie den Handlungsablauf *Haarwäsche im Bett* korrekt durch.

Auftrag

1. Organisieren Sie sich in der Gruppe und weisen Sie folgende Rollen zu:
   - 1 Pflegefachperson
   - 1 Patientin/Patient mit Haarwaschbecken
   - 1 Beobachterin/Beobachter
2. Führen Sie das Training gemäss Handlungsablauf durch.
3. Dokumentieren Sie Ihre Beobachtungen.
4. Reflektieren Sie die Simulation und geben Sie Feedback anhand folgender Fragen:

   Pflegefachperson
   - Was ist mir gelungen? Wo fühlte ich mich sicher?
   - Wo traten Schwierigkeiten oder Unsicherheiten auf?
   - Welche Erkenntnisse ziehe ich daraus?

   Patientin/Patient
   - Wie wurde ich in die Handlung einbezogen?
   - Wurde ich kompetent informiert?
   - Wie habe ich die Haarwäsche erlebt?
   - Wurde meine Intimsphäre geschützt?
   - Wurden alle meine Bedürfnisse berücksichtigt?
   - Wurden meine Fragen zufriedenstellend beantwortet?

   Beobachterin/Beobachter
   - Wurde das Material vollständig und korrekt vorbereitet?
   - War das Vorgehen gemäss dem Handlungsablauf korrekt?
   - Wurden die Prinzipien der Hygiene eingehalten?
   - Hatte die Patientin/der Patient Gelegenheit, Fragen zu stellen oder Unsicherheiten zu äussern?
   - Wurde die Patientin/der Patient laufend informiert?
5. Wechseln Sie die Rollen, bis jede Person alle Rollen eingenommen hat.

Sozialform

Gruppenarbeit

Zeit

20 Minuten

Handlungsablauf

HANDLUNGSSCHRITT	BESCHREIBUNG	BEGRÜNDUNG	BEOBACHTUNGEN
Vorbereitung			
Pflegedokumentation prüfen	Informieren Sie sich in der Pflegedokumentation über die Verordnungen und den Zustand der Patientin/des Patienten.	Sie verhindern so, dass notwendiges Material fehlt, setzen Ressourcen optimal ein und vermeiden Komplikationen.	☐ richtig ☐ falsch ☐ nicht ausgeführt
Arbeitsfläche vorbereiten	Ziehen Sie zu Ihrem Schutz Einmalhandschuhe an und desinfizieren Sie die Arbeitsfläche mit einer Wischdesinfektion. Beachten Sie die Einwirkungszeit des Flächendesinfektionsmittels.	Das Desinfektionsmittel kann kanzerogen wirken oder Hautschädigungen verursachen. Die Desinfektion der Arbeitsfläche bewirkt eine Reduktion der Keime.	☐ richtig ☐ falsch ☐ nicht ausgeführt
Hände desinfizieren 	Führen Sie vor dem aseptischen Arbeiten mit Material eine korrekte Händedesinfektion (EN 1500) durch.	Eine Übertragung und Verbreitung von Mikroorganismen wird verhindert.	☐ richtig ☐ falsch ☐ nicht ausgeführt
Material vorbereiten 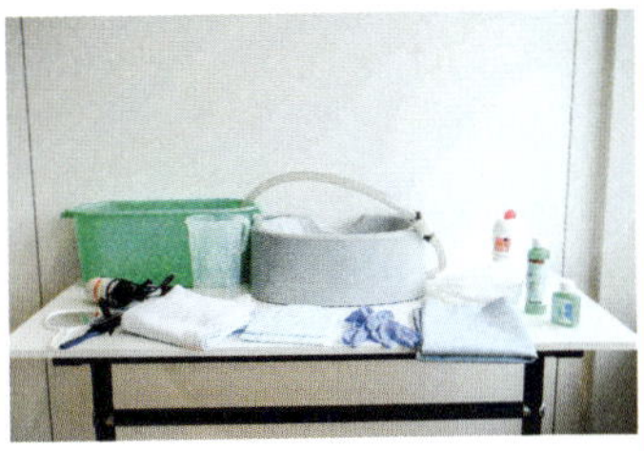	Legen Sie das Material auf der desinfizierten Arbeitsfläche bereit: – spezielles Haarwaschbecken mit Ablaufschlauch und Auffangbehälter (Eimer) – Bettschutz (gummiert) und Badetuch – Behälter mit ausreichend warmem Wasser und Schüttgefäss – mildes Haarshampoo bzw. individuelles Pflegemittel – ggf. Handtücher zum Polstern des Nackens – Handtücher und Waschlappen (für den Augenschutz) – Haarbürste, Kamm – Spiegel – Haartrockner – Einmalhandschuhe – ggf. Abfallbeutel		☐ richtig ☐ falsch ☐ nicht ausgeführt

HANDLUNGSSCHRITT	BESCHREIBUNG	BEGRÜNDUNG	BEOBACHTUNGEN
Vorbereitung			
Präsenzlicht einschalten	Schalten Sie das Präsenzlicht ein.	Das Präsenzlicht markiert im Flur die Anwesenheit einer Pflegefachperson im Zimmer der Patientin/des Patienten. Sie haben so die Möglichkeit, bei einem Notfall Alarm auszulösen.	☐ richtig ☐ falsch ☐ nicht ausgeführt
Hände desinfizieren 	Führen Sie vor dem Kontakt mit der Patientin/dem Patienten eine korrekte Händedesinfektion (EN 1500) durch.	Eine Übertragung und Verbreitung von Mikroorganismen wird verhindert.	☐ richtig ☐ falsch ☐ nicht ausgeführt
Patientin/Patienten vorbereiten	Begrüssen Sie die Patientin/den Patienten und stellen Sie sich, falls noch nicht geschehen, mit Namen und Funktion vor. Erklären Sie den Anlass und die Dauer der bevorstehenden Pflegehandlung. Holen Sie das Einverständnis der Patientin/des Patienten ein. Fragen Sie nach Wünschen.	Die Patientin/Der Patient weiss stets, welche Massnahmen an ihr/ihm vorgesehen sind. Eine korrekte und verständliche Information fördert die Akzeptanz und das Vertrauen der Patientin/des Patienten. Sie/Er fühlt sich respektiert.	☐ richtig ☐ falsch ☐ nicht ausgeführt
Vitalzeichen prüfen und Befinden erfragen	Fragen Sie die Patientin/den Patienten nach ihrem/seinem Befinden. Prüfen Sie wenn nötig Vitalzeichen und dokumentieren Sie diese.	Bei Übelkeit, Schmerzen, Unwohlsein sollte der Ablauf angepasst oder entsprechend vorbereitet werden.	☐ richtig ☐ falsch ☐ nicht ausgeführt
Arbeitsplatz einrichten	Schliessen Sie alle Fenster und Türen. Schicken Sie Besuch aus dem Zimmer. Installieren Sie gegebenenfalls einen Sichtschutz. Stellen Sie das Bett in eine rückenschonende Position. Sorgen Sie für ausreichende Beleuchtung.	Zugluft wird vermieden. Die Privatsphäre der Patientin/des Patienten wird gewahrt. Rückenschäden werden vermieden. Effiziente Arbeitsbedingungen werden geschaffen.	☐ richtig ☐ falsch ☐ nicht ausgeführt

HANDLUNGSSCHRITT	BESCHREIBUNG	BEGRÜNDUNG	BEOBACHTUNGEN
Vorbereitung			
Lagerung vornehmen	Lagern Sie die Patientin/den Patient so, dass ein reibungsloser Ablauf der Pflegeintervention möglich ist. Entfernen Sie allfällige Lagerungsmittel.	Die Patientin/Der Patient fühlt sich wohl und kann bei der Pflege eventuell unterstützend mithelfen. Dadurch, dass die Lagerungsmittel entfernt werden, ist ihre/seine Bewegungsfreiheit grösser.	☐ richtig ☐ falsch ☐ nicht ausgeführt
Intimsphäre wahren	Schützen Sie die Intimsphäre der Patientin/des Patienten. Unterstützen Sie gegebenenfalls die Patientin/den Patienten beim Entkleiden des Oberkörpers.	Die Intimsphäre ist gewahrt, Schamgefühle werden berücksichtigt. Die Kleidung wird vor Nässe geschützt und das Auskühlen der Patientin/des Patienten während des Haarewaschens wird verhindert.	☐ richtig ☐ falsch ☐ nicht ausgeführt
Patientin/Patienten informieren	Informieren Sie die Patientin/den Patienten noch einmal kurz über die nun folgenden Handlungsschritte. Kommunizieren Sie die einzelnen Schritte jeweils unmittelbar vor der durchzuführenden Handlung. Bitten Sie die Patientin/den Patienten Hilfsmittel, wie z.B. Brille, Hörgerät etc., aber auch Hals- und Ohrenschmuck abzulegen.	Die Patientin/Der Patient kann sich auf die Handlung einstellen. Hilfsmittel oder andere Gegenstände können durch die Verwendung mit Wasser beschädigt werden und unter Umständen zu Verletzungen führen.	☐ richtig ☐ falsch ☐ nicht ausgeführt
Hände desinfizieren 	Führen Sie eine korrekte Händedesinfektion (EN 1500) durch.	Eine Übertragung und Verbreitung von Mikroorganismen wird verhindert.	☐ richtig ☐ falsch ☐ nicht ausgeführt
Wasser und Zusätze richten	Richten Sie das Wasser und passen Sie die Temperatur dem Wunsch der Patientin/des Patienten an. Richten Sie die Pflegeutensilien nach dem Bedarf der Patientin/des Patienten.	Die Bedürfnisse und Gewohnheiten der Patientin/des Patienten werden berücksichtigt.	☐ richtig ☐ falsch ☐ nicht ausgeführt

HANDLUNGSSCHRITT	BESCHREIBUNG	BEGRÜNDUNG	BEOBACHTUNGEN
Durchführung			
Arbeitsplatz einrichten	Stellen Sie das Bett auf Arbeitshöhe. Entfernen Sie, je nach Modell des Bettes und des Haarwaschbeckens, das Bettbrett am Kopfende sowie die Kopfkissen und andere Lagerungsmittel, allenfalls auch den Bettbügel und die Patientenklingel. Unterlegen Sie den oberen Bereich des Bettes mit einem gummierten Bettschutz. Legen Sie darüber ein ausreichend grosses Handtuch. Stellen Sie das Kopfteil flach und beachten Sie dabei immer den Allgemeinzustand der Patientin/des Patienten. Legen Sie das Haarwaschbecken unter den Kopf der Patientin/des Patienten. Polstern Sie wenn nötig Schulter- und Nackenbereich mit einem oder mehreren Handtüchern. Platzieren Sie zum Schluss den Auffangbehälter unter dem Bett.	Die Bedürfnisse und das Wohlbefinden der Patientin/des Patienten werden respektiert. Für die Sicherheit während der Handlung ist gesorgt. Eine effiziente, sichere Arbeitsweise sowie der Schutz der Materialien ist gewährleistet.	☐ richtig ☐ falsch ☐ nicht ausgeführt
Hände desinfizieren 	Führen Sie vor dem Kontakt mit der Patientin/dem Patienten eine korrekte Händedesinfektion (EN 1500) durch. Ziehen Sie Einmalhandschuhe zum Selbstschutz an.	Eine Übertragung und Verbreitung von Mikroorganismen wird verhindert.	☐ richtig ☐ falsch ☐ nicht ausgeführt
Haare waschen und pflegen 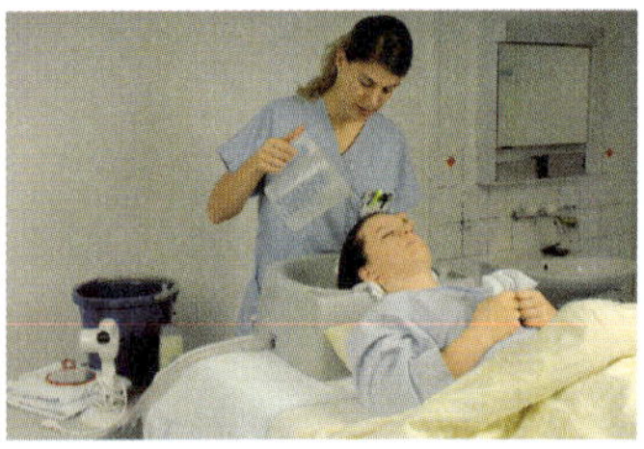	Übergiessen Sie die Haare mit dem korrekt temperierten Wasser, bis sie gut angefeuchtet sind. Schamponieren Sie (nicht überdosieren) das Haar ein und reinigen Sie so die Haare und die Kopfhaut der Patientin/des Patienten.	Das Wohlbefinden und die Sicherheit der Patientin/des Patienten haben Vorrang. Empfohlene Dosierung für eine Haarwäsche (normale Länge) ist eine erbsengrosse Portion.	☐ richtig ☐ falsch ☐ nicht ausgeführt

HANDLUNGSSCHRITT	BESCHREIBUNG	BEGRÜNDUNG	BEOBACHTUNGEN
Durchführung			
	Schützen Sie die Augen der Patientin/des Patienten mit einem kleinen Handtuch oder Wachlappen.	Es gelangt kein Haarshampoo in die Augen.	☐ richtig ☐ falsch ☐ nicht ausgeführt
	Spülen Sie, wenn nötig mehrmals, die Haare mit reichlich korrekt temperiertem Wasser. Leeren Sie nun das restlich verbliebene Wasser aus dem Haarwaschbecken in den Auffangbehälter. Entfernen Sie das Haarwaschbecken und den Bettschutz.	Dank dem gründlichen Spülen mit reichlich Wasser verbleiben keine Shampoorückstände auf der Kopfhaut und im Haar.	☐ richtig ☐ falsch ☐ nicht ausgeführt
	Wickeln Sie den Kopf der Patientin/des Patienten in ein Handtuch ein. Trocknen Sie die Haare mit einem zweiten Handtuch gründlich ab. Unterstützen Sie die Patientin/den Patienten beim Ankleiden.	Das Einwickeln der Haare in eine Handtuch verhindert den Wärmeverlust, genauso wie das anschliessende Föhnen der Haare.	☐ richtig ☐ falsch ☐ nicht ausgeführt
	Kämmen und/oder bürsten Sie die Haare gut durch. Föhnen und frisieren Sie die Haare nach Wunsch der Patientin/des Patienten.	Das Kämmen verhindert Verfilzungen und pflegt das Haar. Die Frisur trägt zum Wohlbefinden der Patientin/des Patienten bei.	☐ richtig ☐ falsch ☐ nicht ausgeführt
	Unterstützen Sie die Patientin/den Patienten beim Anlegen der zuvor entfernten Hilfsmittel, wie z.B. Brille, Hörgerät etc., oder dem Hals- und Ohrenschmuck. Bieten Sie einen Spiegel an.		☐ richtig ☐ falsch ☐ nicht ausgeführt

HANDLUNGSSCHRITT	BESCHREIBUNG	BEGRÜNDUNG	BEOBACHTUNGEN
Nachbereitung			
Hände desinfizieren 	Führen Sie nach dem Ausziehen der Handschuhe und nach Tätigkeiten mit potenziell infektiösem Material eine korrekte Händedesinfektion (EN 1500) durch.	Eine Übertragung und Verbreitung von Mikroorganismen wird verhindert.	□ richtig □ falsch □ nicht ausgeführt
Lagerung vornehmen	Lassen Sie die Patientin/den Patienten eine bequeme und schmerzfreie Lage einnehmen. Integrieren Sie die vorher entfernten Bettteile, Kopfkissen und Lagerungsmittel. Montieren Sie gegebenenfalls den Bettbügel wieder am Kopfende des Bettes. Stellen Sie das Bett wieder in die Ausgangsposition. Bieten Sie etwas zu trinken an.	Eine sichere und bequeme Lagerung fördert das Wohlbefinden.	□ richtig □ falsch □ nicht ausgeführt
Pflegeintervention abschliessen	Versichern Sie sich, dass die Patientin/der Patient Ihre Anweisungen verstanden hat. Fragen Sie nach, ob sie/er zufrieden ist, und klären Sie, ob weitere Fragen oder Unsicherheiten bestehen. Stellen Sie sicher, dass die Patientin/der Patient bequem liegt.	Das Wohlbefinden und die Sicherheit der Patientin/des Patienten sind gewährleistet.	□ richtig □ falsch □ nicht ausgeführt
Präsenzlicht ausschalten	Versichern Sie sich, dass die Glocke für die Patientin/den Patienten in Griffnähe ist, und schalten Sie das Präsenzlicht aus.	Die Patientin/Der Patient kann jederzeit klingeln, wenn sie/er Hilfe braucht, und ein Fehlalarm wird durch das Ausschalten des Präsenzlichtes vermieden.	□ richtig □ falsch □ nicht ausgeführt
Material nachbereiten	Entsorgen Sie die Schmutzwäsche im Wäschesack, mögliche Einwegmaterialien im Abfallbehälter und führen Sie eine korrekte Reinigung der Arbeitsfläche, Mehrwegmaterialien und Instrumente durch.	Das Material muss korrekt im Zimmer versorgt bzw. für die weitere Nachsorge vorbereitet werden. Die Sicherheit bleibt damit ebenso gewahrt wie die hygienischen Standards.	□ richtig □ falsch □ nicht ausgeführt

HANDLUNGSSCHRITT	BESCHREIBUNG	BEGRÜNDUNG	BEOBACHTUNGEN
Nachbereitung			
Hände desinfizieren 	Führen Sie nach Abschluss der Handlung eine korrekte Händedesinfektion (EN 1500) durch.	Eine Übertragung und Verbreitung von Mikroorganismen wird verhindert.	☐ richtig ☐ falsch ☐ nicht ausgeführt
Beobachtungen und Pflegeintervention dokumentieren	Halten Sie die Pflegeintervention und Ihre Beobachtungen in der Pflegedokumentation fest.	Die Pflegekontinuität wird sichergestellt.	☐ richtig ☐ falsch ☐ nicht ausgeführt

Notizen

3.5 Ohrenpflege

Arbeitsauftrag

Training

Führen Sie den Handlungsablauf *Ohrenpflege* korrekt durch.

Auftrag

1. Organisieren Sie sich in der Gruppe und weisen Sie folgende Rollen zu:
   - 1 Pflegefachperson
   - 1 Patientin/Patient
   - 1 Beobachterin/Beobachter
2. Führen Sie das Training gemäss Handlungsablauf durch.
3. Dokumentieren Sie Ihre Beobachtungen.
4. Reflektieren Sie die Simulation und geben Sie Feedback anhand folgender Fragen:

   Pflegefachperson
   - Was ist mir gelungen? Wo fühlte ich mich sicher?
   - Wo traten Schwierigkeiten oder Unsicherheiten auf?
   - Welche Erkenntnisse ziehe ich daraus?

   Patientin/Patient
   - Wie wurde ich in die Handlung einbezogen?
   - Wurde ich kompetent informiert?
   - Wie habe ich die Ohrenpflege erlebt?
   - Wurde meine Intimsphäre geschützt?
   - Wurden alle meine Bedürfnisse berücksichtigt?
   - Wurden meine Fragen zufriedenstellend beantwortet?

   Beobachterin/Beobachter
   - Wurde das Material vollständig und korrekt vorbereitet?
   - War das Vorgehen gemäss dem Handlungsablauf korrekt?
   - Wurden die Prinzipien der Hygiene eingehalten?
   - Hatte die Patientin/der Patient Gelegenheit, Fragen zu stellen oder Unsicherheiten zu äussern?
   - Wurde die Patientin/der Patient laufend informiert?
5. Wechseln Sie die Rollen, bis jede Person alle Rollen eingenommen hat.

Sozialform

Gruppenarbeit

Zeit

10 Minuten

Handlungsablauf

HANDLUNGSSCHRITT	BESCHREIBUNG	BEGRÜNDUNG	BEOBACHTUNGEN
Vorbereitung			
Pflegedokumentation prüfen	Informieren Sie sich in der Pflegedokumentation über die Verordnungen und den Zustand der Patientin/des Patienten.	Sie verhindern so, dass notwendiges Material fehlt, setzen Ressourcen optimal ein und vermeiden Komplikationen.	☐ richtig ☐ falsch ☐ nicht ausgeführt
Arbeitsfläche vorbereiten	Ziehen Sie zu Ihrem Schutz Einmalhandschuhe an und desinfizieren Sie die Arbeitsfläche mit einer Wischdesinfektion. Beachten Sie die Einwirkungszeit des Flächendesinfektionsmittels.	Das Desinfektionsmittel kann kanzerogen wirken oder Hautschädigungen verursachen. Die Desinfektion der Arbeitsfläche bewirkt eine Reduktion der Keime.	☐ richtig ☐ falsch ☐ nicht ausgeführt
Hände desinfizieren 	Führen Sie vor dem aseptischen Arbeiten mit Material eine korrekte Händedesinfektion (EN 1500) durch.	Eine Übertragung und Verbreitung von Mikroorganismen wird verhindert.	☐ richtig ☐ falsch ☐ nicht ausgeführt
Material vorbereiten 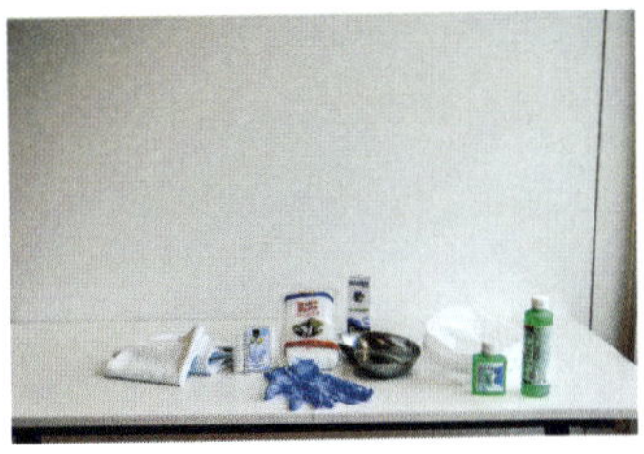	Legen Sie das Material auf der desinfizierten Arbeitsfläche bereit: – Handtücher und Waschlappen – Waschschüssel – Wattepads – ggf. sterile Kompressen und 0,9-%ige NaCl-Lösung – Pflegeprodukte für das Ohr – ggf. Spiegel – Einmalhandschuhe – Abfallbeutel		☐ richtig ☐ falsch ☐ nicht ausgeführt
Präsenzlicht einschalten	Schalten Sie das Präsenzlicht ein.	Das Präsenzlicht markiert im Flur die Anwesenheit einer Pflegefachperson im Zimmer der Patientin/des Patienten. Sie haben so die Möglichkeit, bei einem Notfall Alarm auszulösen.	☐ richtig ☐ falsch ☐ nicht ausgeführt
Hände desinfizieren 	Führen Sie vor dem Kontakt mit der Patientin/dem Patienten eine korrekte Händedesinfektion (EN 1500) durch.	Eine Übertragung und Verbreitung von Mikroorganismen wird verhindert.	☐ richtig ☐ falsch ☐ nicht ausgeführt

HANDLUNGSSCHRITT	BESCHREIBUNG	BEGRÜNDUNG	BEOBACHTUNGEN
Vorbereitung			
Patientin/Patienten vorbereiten	Begrüssen Sie die Patientin/den Patienten und stellen Sie sich, falls noch nicht geschehen, mit Namen und Funktion vor. Erklären Sie den Anlass und die Dauer der bevorstehenden Pflegehandlung. Holen Sie das Einverständnis der Patientin/des Patienten ein. Fragen Sie nach Wünschen.	Die Patientin/Der Patient weiss stets, welche Massnahmen an ihr/ihm vorgesehen sind. Eine korrekte und verständliche Information fördert die Akzeptanz und das Vertrauen der Patientin/des Patienten. Sie/Er fühlt sich respektiert.	☐ richtig ☐ falsch ☐ nicht ausgeführt
Vitalzeichen prüfen und Befinden erfragen	Fragen Sie die Patientin/den Patienten nach ihrem/seinem Befinden. Prüfen Sie wenn nötig Vitalzeichen und dokumentieren Sie diese.	Bei Übelkeit, Schmerzen, Unwohlsein sollte der Ablauf angepasst oder entsprechend vorbereitet werden.	☐ richtig ☐ falsch ☐ nicht ausgeführt
Arbeitsplatz einrichten	Schliessen Sie alle Fenster und Türen. Schicken Sie Besuch aus dem Zimmer. Installieren Sie gegebenenfalls einen Sichtschutz. Stellen Sie das Bett in eine rückenschonende Position. Sorgen Sie für ausreichende Beleuchtung.	Zugluft wird vermieden. Die Privatsphäre der Patientin/des Patienten wird gewahrt. Rückenschäden werden vermieden. Effiziente Arbeitsbedingungen werden geschaffen.	☐ richtig ☐ falsch ☐ nicht ausgeführt
Durchführung			
Lagerung vornehmen	Lagern Sie die Patientin/den Patient so, dass ein reibungsloser Ablauf der Pflegeintervention möglich ist. Stellen Sie das Kopfteil höher. Entfernen Sie allfällige Lagerungsmittel und Kopfkissen.	Die Patientin/Der Patient fühlt sich wohl und kann bei der Pflege eventuell unterstützend mithelfen. Dadurch, dass die Lagerungsmittel entfernt werden, ist ihre/seine Bewegungsfreiheit grösser.	☐ richtig ☐ falsch ☐ nicht ausgeführt
	Bitten Sie die Patientin/den Patienten, den Kopf für die Ohrenpflege auf die Seite zu drehen. Bieten Sie gegebenenfalls Unterstützung. Beginnen Sie mit der Seite, die der Patientin/dem Patienten weniger Anstrengung kostet.	Die Seitenlage des Kopfes verbessert den Zugang zum Ohr, ermöglicht genauere Inspektionsmöglichkeiten, minimiert die Verletzungsgefahr deutlich und verhindert, dass Wasser in das Ohr gelangt.	☐ richtig ☐ falsch ☐ nicht ausgeführt

HANDLUNGSSCHRITT	BESCHREIBUNG	BEGRÜNDUNG	BEOBACHTUNGEN
Durchführung			
	Bitten Sie die Patientin/den Patienten, den Kopf während der Pflegedurchführung ruhig zu halten.		
	Legen Sie unter das jeweilige Ohr vor der Pflege ein Handtuch. Achten Sie auf eine bequeme und schmerzfreie Lagerung. Erfragen Sie das Befinden der Patientin/des Patienten.		☐ richtig ☐ falsch ☐ nicht ausgeführt
Patientin/Patienten informieren	Informieren Sie die Patientin/den Patienten noch einmal kurz über die nun folgenden Handlungsschritte. Kommunizieren Sie die einzelnen Schritte jeweils unmittelbar vor der durchzuführenden Handlung. Bitten Sie die Patientin/den Patienten Hilfsmittel, wie z. B. Brille, Hörgerät etc., aber auch Ohrenschmuck abzulegen.	Die Patientin/Der Patient kann sich auf die Handlung einstellen. Hilfsmittel oder andere Gegenstände können durch die Verwendung mit Wasser beschädigt werden und unter Umständen zu Verletzungen führen.	☐ richtig ☐ falsch ☐ nicht ausgeführt
Wasser und Zusätze richten	Richten Sie das Wasser und passen Sie die Temperatur dem Wunsch der Patientin/des Patienten an. Richten Sie die Pflegeutensilien nach dem Bedarf der Patientin/des Patienten, gegebenenfalls nach Verordnung in der Pflegedokumentation.	Die Bedürfnisse und Gewohnheiten der Patientin/des Patienten werden berücksichtigt.	☐ richtig ☐ falsch ☐ nicht ausgeführt
Hände desinfizieren 	Führen Sie vor dem Kontakt mit der Patientin/dem Patienten eine korrekte Händedesinfektion (EN 1500) durch. Ziehen Sie Einmalhandschuhe zum Selbstschutz an.	Eine Übertragung und Verbreitung von Mikroorganismen wird verhindert.	☐ richtig ☐ falsch ☐ nicht ausgeführt

HANDLUNGSSCHRITT	BESCHREIBUNG	BEGRÜNDUNG	BEOBACHTUNGEN
Durchführung			
Ohren reinigen	Reinigen Sie die Ohrmuschel und die sichtbaren Teile des äusseren Gehörganges mit einem angefeuchteten Wattepad. Entfernen Sie starke Verunreinigungen (z. B. Verkrustungen) mit Babyöl.	Ölige Lösungen eignen sich zum Aufweichen von Verkrustungen und Ablagerungen.	☐ richtig ☐ falsch ☐ nicht ausgeführt
	Ersetzen Sie nach jedem Wischvorgang das Wattepad.	Durch das Wechseln der Pads wird die Verbreitung von Mikroorganismen vermindert.	
	Reinigen Sie nochmals mit einem angefeuchteten Wattepad nach. Trocknen Sie das Ohr mit einem Handtuch vorsichtig und gründlich ab.		☐ richtig ☐ falsch ☐ nicht ausgeführt
	Führen Sie nach der Reinigung eine gründliche Ohrinspektion durch. Wiederholen Sie den Vorgang am anderen Ohr.		☐ richtig ☐ falsch ☐ nicht ausgeführt
	Am Schluss applizieren Sie verordnete Ohrsalben oder Ohrtropfen.		☐ richtig ☐ falsch ☐ nicht ausgeführt
	Unterstützen Sie die Patientin/den Patienten beim Anlegen der zuvor entfernten Hilfsmittel, wie z. B. Brille, Hörgeräte etc., oder dem Ohrenschmuck. Bieten Sie einen Spiegel an.		☐ richtig ☐ falsch ☐ nicht ausgeführt

HANDLUNGSSCHRITT	BESCHREIBUNG	BEGRÜNDUNG	BEOBACHTUNGEN
Nachbereitung			
Hände desinfizieren 	Führen Sie nach dem Ausziehen der Handschuhe und nach Tätigkeiten mit potenziell infektiösem Material eine korrekte Händedesinfektion (EN 1500) durch.	Eine Übertragung und Verbreitung von Mikroorganismen wird verhindert.	☐ richtig ☐ falsch ☐ nicht ausgeführt
Lagerung vornehmen	Lassen Sie die Patientin/den Patienten eine bequeme und schmerzfreie Lage einnehmen. Integrieren Sie die vorher entfernten Bettteile, Kopfkissen und Lagerungsmittel. Montieren Sie gegebenenfalls den Bettbügel wieder am Kopfende des Bettes. Stellen Sie das Bett wieder in die Ausgangsposition. Bieten Sie etwas zu trinken an.	Eine sichere und bequeme Lagerung fördert das Wohlbefinden.	☐ richtig ☐ falsch ☐ nicht ausgeführt
Pflegeintervention abschliessen	Versichern Sie sich, dass die Patientin/der Patient Ihre Anweisungen verstanden hat. Fragen Sie nach, ob sie/er zufrieden ist, und klären Sie, ob weitere Fragen oder Unsicherheiten bestehen. Stellen Sie sicher, dass die Patientin/der Patient bequem liegt.	Das Wohlbefinden und die Sicherheit der Patientin/des Patienten sind gewährleistet.	☐ richtig ☐ falsch ☐ nicht ausgeführt
Präsenzlicht ausschalten	Versichern Sie sich, dass die Glocke für die Patientin/den Patienten in Griffnähe ist, und schalten Sie das Präsenzlicht aus.	Die Patientin/Der Patient kann jederzeit klingeln, wenn sie/er Hilfe braucht, und ein Fehlalarm wird durch das Ausschalten des Präsenzlichtes vermieden.	☐ richtig ☐ falsch ☐ nicht ausgeführt

HANDLUNGSSCHRITT	BESCHREIBUNG	BEGRÜNDUNG	BEOBACHTUNGEN
Nachbereitung			
Material nachbereiten	Entsorgen Sie die Schmutzwäsche im Wäschesack, mögliche Einwegmaterialien im Abfallbehälter und führen Sie eine korrekte Reinigung der Arbeitsfläche, Mehrwegmaterialien und Instrumente durch.	Das Material muss korrekt im Zimmer versorgt bzw. für die weitere Nachsorge vorbereitet werden. Die Sicherheit bleibt damit ebenso gewahrt wie die hygienischen Standards.	☐ richtig ☐ falsch ☐ nicht ausgeführt
Hände desinfizieren 	Führen Sie nach Abschluss der Handlung eine korrekte Händedesinfektion (EN 1500) durch.	Eine Übertragung und Verbreitung von Mikroorganismen wird verhindert.	☐ richtig ☐ falsch ☐ nicht ausgeführt
Beobachtungen und Pflegeintervention dokumentieren	Halten Sie die Pflegeintervention und Ihre Beobachtungen in der Pflegedokumentation fest.	Die Pflegekontinuität wird sichergestellt.	☐ richtig ☐ falsch ☐ nicht ausgeführt

Notizen

3.6 Augenpflege

Arbeitsauftrag

Training

Führen Sie den Handlungsablauf *Augenpflege* korrekt durch.

Auftrag

1. Organisieren Sie sich in der Gruppe und weisen Sie folgende Rollen zu:
   - 1 Pflegefachperson
   - 1 Patientin/Patient
   - 1 Beobachterin/Beobachter
2. Führen Sie das Training gemäss Handlungsablauf durch.
3. Dokumentieren Sie Ihre Beobachtungen.
4. Reflektieren Sie die Simulation und geben Sie Feedback anhand folgender Fragen:

   Pflegefachperson
   - Was ist mir gelungen? Wo fühlte ich mich sicher?
   - Wo traten Schwierigkeiten oder Unsicherheiten auf?
   - Welche Erkenntnisse ziehe ich daraus?

   Patientin/Patient
   - Wie wurde ich in die Handlung einbezogen?
   - Wurde ich kompetent informiert?
   - Wie habe ich die Augenpflege erlebt?
   - Wurde meine Intimsphäre geschützt?
   - Wurden alle meine Bedürfnisse berücksichtigt?
   - Wurden meine Fragen zufriedenstellend beantwortet?

   Beobachterin/Beobachter
   - Wurde das Material vollständig und korrekt vorbereitet?
   - War das Vorgehen gemäss dem Handlungsablauf korrekt?
   - Wurden die Prinzipien der Hygiene eingehalten?
   - Hatte die Patientin/der Patient Gelegenheit, Fragen zu stellen oder Unsicherheiten zu äussern?
   - Wurde die Patientin/der Patient laufend informiert?
5. Wechseln Sie die Rollen, bis jede Person alle Rollen eingenommen hat.

Sozialform

Gruppenarbeit

Zeit

10 Minuten

Handlungsablauf

HANDLUNGSSCHRITT	BESCHREIBUNG	BEGRÜNDUNG	BEOBACHTUNGEN
Vorbereitung			
Pflegedokumentation prüfen	Informieren Sie sich in der Pflegedokumentation über die Verordnungen und den Zustand der Patientin/des Patienten.	Sie verhindern so, dass notwendiges Material fehlt, setzen Ressourcen optimal ein und vermeiden Komplikationen.	☐ richtig ☐ falsch ☐ nicht ausgeführt
Arbeitsfläche vorbereiten	Ziehen Sie zu Ihrem Schutz Einmalhandschuhe an und desinfizieren Sie die Arbeitsfläche mit einer Wischdesinfektion. Beachten Sie die Einwirkungszeit des Flächendesinfektionsmittels.	Das Desinfektionsmittel kann kanzerogen wirken oder Hautschädigungen verursachen. Die Desinfektion der Arbeitsfläche bewirkt eine Reduktion der Keime.	☐ richtig ☐ falsch ☐ nicht ausgeführt
Hände desinfizieren 	Führen Sie vor dem aseptischen Arbeiten mit Material eine korrekte Händedesinfektion (EN 1500) durch.	Eine Übertragung und Verbreitung von Mikroorganismen wird verhindert.	☐ richtig ☐ falsch ☐ nicht ausgeführt
Material vorbereiten 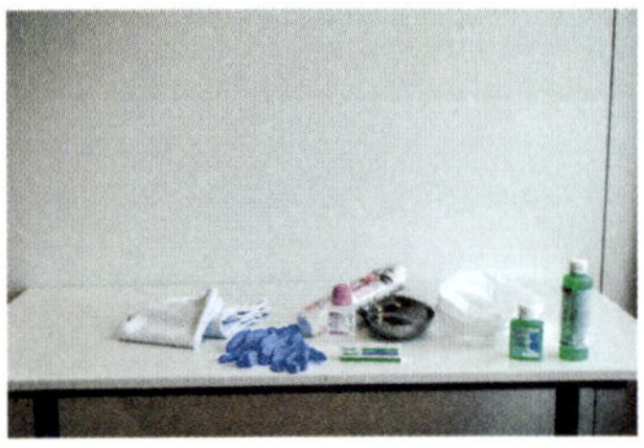	Legen Sie das Material auf der desinfizierten Arbeitsfläche bereit. Allgemeine Augenpflege: – Handtuch und Waschlappen – Waschschüssel Spezielle Augenpflege: – sterile Tupfer oder Kompressen – Ampullen mit 0,9-%iger NaCl-Lösung – ggf. sterile Einmalspritze – Augensalbe oder Augentropfen nach ärztlicher Verordnung Für beide Formen: – ggf. Spiegel – Einmalhandschuhe – Abfallbeutel		☐ richtig ☐ falsch ☐ nicht ausgeführt
Präsenzlicht einschalten	Schalten Sie das Präsenzlicht ein.	Das Präsenzlicht markiert im Flur die Anwesenheit einer Pflegefachperson im Zimmer der Patientin/des Patienten. Sie haben so die Möglichkeit, bei einem Notfall Alarm auszulösen.	☐ richtig ☐ falsch ☐ nicht ausgeführt

HANDLUNGSSCHRITT	BESCHREIBUNG	BEGRÜNDUNG	BEOBACHTUNGEN
Vorbereitung			
Hände desinfizieren 	Führen Sie vor dem Kontakt mit der Patientin/dem Patienten eine korrekte Händedesinfektion (EN 1500) durch.	Eine Übertragung und Verbreitung von Mikroorganismen wird verhindert.	☐ richtig ☐ falsch ☐ nicht ausgeführt
Patientin/Patienten vorbereiten	Begrüssen Sie die Patientin/den Patienten und stellen Sie sich, falls noch nicht geschehen, mit Namen und Funktion vor. Erklären Sie den Anlass und die Dauer der bevorstehenden Pflegehandlung. Holen Sie das Einverständnis der Patientin/des Patienten ein. Fragen Sie nach Wünschen.	Die Patientin/Der Patient weiss stets, welche Massnahmen an ihr/ihm vorgesehen sind. Eine korrekte und verständliche Information fördert die Akzeptanz und das Vertrauen der Patientin/des Patienten. Sie/Er fühlt sich respektiert.	☐ richtig ☐ falsch ☐ nicht ausgeführt
Vitalzeichen prüfen und Befinden erfragen	Fragen Sie die Patientin/den Patienten nach ihrem/seinem Befinden. Prüfen Sie wenn nötig Vitalzeichen und dokumentieren Sie diese.	Bei Übelkeit, Schmerzen, Unwohlsein sollte der Ablauf angepasst oder entsprechend vorbereitet werden.	☐ richtig ☐ falsch ☐ nicht ausgeführt
Arbeitsplatz einrichten	Schliessen Sie alle Fenster und Türen. Schicken Sie Besuch aus dem Zimmer. Installieren Sie gegebenenfalls einen Sichtschutz. Stellen Sie das Bett in eine rückenschonende Position. Sorgen Sie für ausreichende Beleuchtung.	Zugluft wird vermieden. Die Privatsphäre der Patientin/des Patienten wird gewahrt. Rückenschäden werden vermieden. Effiziente Arbeitsbedingungen werden geschaffen.	☐ richtig ☐ falsch ☐ nicht ausgeführt
Durchführung			
Lagerung vornehmen	Lagern Sie die Patientin/den Patient so, dass ein reibungsloser Ablauf der Pflegeintervention möglich ist. Stellen Sie das Bett auf Arbeitshöhe und erhöhen Sie das Kopfteil. Entfernen Sie allfällige Lagerungsmittel und Kopfkissen.	Die Patientin/Der Patient fühlt sich wohl und kann bei der Pflege eventuell unterstützend mithelfen. Dadurch, dass die Lagerungsmittel entfernt werden, ist ihre/seine Bewegungsfreiheit grösser.	☐ richtig ☐ falsch ☐ nicht ausgeführt

HANDLUNGSSCHRITT	BESCHREIBUNG	BEGRÜNDUNG	BEOBACHTUNGEN
Durchführung			
	Bitten Sie die Patientin/den Patienten, den Kopf für die Augenpflege leicht auf die Seite zu drehen, je nachdem welches Auge gerade versorgt wird, und den Kopf während der Pflege nicht zu bewegen. Achten Sie auf eine bequeme und schmerzfreie Lagerung. Erfragen Sie das Befinden der Patientin/des Patienten.	Die Seitenlage des Kopfes verbessert den Zugang zum Auge, ermöglicht ein präzises Arbeiten und minimiert die Verletzungsgefahr deutlich.	☐ richtig ☐ falsch ☐ nicht ausgeführt
Patientin/Patienten informieren	Informieren Sie die Patientin/den Patienten noch einmal kurz über die nun folgenden Handlungsschritte. Kommunizieren Sie die einzelnen Schritte jeweils unmittelbar vor der durchzuführenden Handlung. Bitten Sie die Patientin/den Patienten, Hilfsmittel wie Brille oder Kontaktlinsen abzulegen bzw. zu entfernen.	Die Patientin/Der Patient kann sich auf die Handlung einstellen. Hilfsmittel oder andere Gegenstände beeinträchtigen eine wirksame Augenpflege.	☐ richtig ☐ falsch ☐ nicht ausgeführt
Wasser vorbereiten für Augenpflege	Richten Sie das Wasser und passen Sie die Temperatur dem Wunsch der Patientin/des Patienten an. Richten Sie die Pflegeutensilien nach dem Bedarf der Patientin/des Patienten, gegebenenfalls nach Verordnung in der Pflegedokumentation.	Die Bedürfnisse und Gewohnheiten der Patientin/des Patienten werden berücksichtigt.	☐ richtig ☐ falsch ☐ nicht ausgeführt
Hände desinfizieren 	Führen Sie vor dem Kontakt mit der Patientin/dem Patienten eine korrekte Händedesinfektion (EN 1500) durch. Ziehen Sie Einmalhandschuhe zum Selbstschutz an.	Eine Übertragung und Verbreitung von Mikroorganismen wird verhindert.	☐ richtig ☐ falsch ☐ nicht ausgeführt

HANDLUNGSSCHRITT	BESCHREIBUNG	BEGRÜNDUNG	BEOBACHTUNGEN
Durchführung			
Allgemeine Augenpflege durchführen	Waschen Sie die Lider der geschlossenen Augen der Patientin/des Patienten vorsichtig mit einem angefeuchteten Waschlappen von lateral nach medial. Tupfen Sie mit einem Handtuch die gereinigten Augen ohne Druck ab.	Das Wohlbefinden und die Sicherheit des Patienten haben Vorrang, dies wird auch durch die Abgabe von regelmässigen Informationen unterstützt.	☐ richtig ☐ falsch ☐ nicht ausgeführt
	Unterstützen Sie die Patientin/den Patienten beim Anlegen der zuvor entfernten Hilfsmittel.		☐ richtig ☐ falsch ☐ nicht ausgeführt
Augenpflege bei entzündlichen Augenerkrankungen oder fehlendem Lidschluss durchführen	Tränken Sie sterile Tupfer mit steriler 0,9-%iger NaCl-Lösung. Feuchten Sie damit die Augen, Ober- und Unterlid und gegebenenfalls deren Umgebung an. Wischen Sie vorsichtig von lateral zu medial. Führen Sie den Tupfer bogenförmig und ganz ohne Druck.	So können auch alte Salbenreste entfernt werden. Die Wischrichtung entspricht der Physiologie des Tränenkanals.	☐ richtig ☐ falsch ☐ nicht ausgeführt
	Verwenden Sie für jeden Wischvorgang und für jedes Auge jeweils einen neuen Tupfer. Trocknen Sie mit einem sterilen Tupfer vorsichtig und ohne Druck die Augen nach.	Das Augensekret kann infektiös sein. Bei bestehender Infektion eines Auges muss darauf geachtet werden, dass es nicht zu einer Kreuzinfektion kommt (d.h., die Infektion geht auf das andere Auge über).	☐ richtig ☐ falsch ☐ nicht ausgeführt
	Unterstützen Sie die Patientin/den Patienten beim Anlegen der zuvor entfernten Hilfsmittel.		☐ richtig ☐ falsch ☐ nicht ausgeführt

HANDLUNGSSCHRITT	BESCHREIBUNG	BEGRÜNDUNG	BEOBACHTUNGEN
Nachbereitung			
Hände desinfizieren 	Führen Sie nach dem Ausziehen der Handschuhe und nach Tätigkeiten mit potenziell infektiösem Material eine korrekte Händedesinfektion (EN 1500) durch.	Eine Übertragung und Verbreitung von Mikroorganismen wird verhindert.	☐ richtig ☐ falsch ☐ nicht ausgeführt
Lagerung vornehmen	Lassen Sie die Patientin/den Patienten eine bequeme und schmerzfreie Lage einnehmen. Integrieren Sie die vorher entfernten Kopfkissen und Lagerungsmittel. Montieren Sie gegebenenfalls den Bettbügel wieder am Kopfende des Bettes. Stellen Sie das Bett wieder in die Ausgangsposition. Bieten Sie etwas zu trinken an.	Eine sichere und bequeme Lagerung fördert das Wohlbefinden.	☐ richtig ☐ falsch ☐ nicht ausgeführt
Pflegeintervention abschliessen	Versichern Sie sich, dass die Patientin/der Patient Ihre Anweisungen verstanden hat. Fragen Sie nach, ob sie/er zufrieden ist, und klären Sie, ob weitere Fragen oder Unsicherheiten bestehen. Stellen Sie sicher, dass die Patientin/der Patient bequem liegt.	Das Wohlbefinden und die Sicherheit der Patientin/des Patienten sind gewährleistet.	☐ richtig ☐ falsch ☐ nicht ausgeführt
Präsenzlicht ausschalten	Versichern Sie sich, dass die Glocke für die Patientin/den Patienten in Griffnähe ist, und schalten Sie das Präsenzlicht aus.	Die Patientin/Der Patient kann jederzeit klingeln, wenn sie/er Hilfe braucht, und ein Fehlalarm wird durch das Ausschalten des Präsenzlichtes vermieden.	☐ richtig ☐ falsch ☐ nicht ausgeführt
Material nachbereiten	Entsorgen Sie das Einwegmaterial im Abfallbehälter und führen Sie eine korrekte Reinigung der Arbeitsfläche, Mehrwegmaterialien und Instrumente durch. Entsorgen Sie mögliche Restlösungen.	Das Material muss korrekt im Zimmer versorgt bzw. für die weitere Nachsorge vorbereitet werden. Die Sicherheit bleibt damit ebenso gewahrt wie die hygienischen Standards.	☐ richtig ☐ falsch ☐ nicht ausgeführt

HANDLUNGSSCHRITT	BESCHREIBUNG	BEGRÜNDUNG	BEOBACHTUNGEN
Nachbereitung			
Hände desinfizieren 	Führen Sie nach Abschluss der Handlung eine korrekte Händedesinfektion (EN 1500) durch.	Eine Übertragung und Verbreitung von Mikroorganismen wird verhindert.	☐ richtig ☐ falsch ☐ nicht ausgeführt
Beobachtungen und Pflegeintervention dokumentieren	Halten Sie die Pflegeintervention und Ihre Beobachtungen in der Pflegedokumentation fest.	Die Pflegekontinuität wird sichergestellt.	☐ richtig ☐ falsch ☐ nicht ausgeführt

Notizen

3.7 Nasenpflege

Arbeitsauftrag

Training

Führen Sie den Handlungsablauf *Nasenpflege* korrekt durch.

Auftrag

1. Organisieren Sie sich in der Gruppe und weisen Sie folgende Rollen zu:
   - 1 Pflegefachperson
   - 1 Patientin/Patient
   - 1 Beobachterin/Beobachter
2. Führen Sie das Training gemäss Handlungsablauf durch.
3. Dokumentieren Sie Ihre Beobachtungen.
4. Reflektieren Sie die Simulation und geben Sie Feedback anhand folgender Fragen:

   Pflegefachperson
   - Was ist mir gelungen? Wo fühlte ich mich sicher?
   - Wo traten Schwierigkeiten oder Unsicherheiten auf?
   - Welche Erkenntnisse ziehe ich daraus?

   Patientin/Patient
   - Wie wurde ich in die Handlung einbezogen?
   - Wurde ich kompetent informiert?
   - Wie habe ich die Nasenpflege erlebt?
   - Wurde meine Intimsphäre geschützt?
   - Wurden alle meine Bedürfnisse berücksichtigt?
   - Wurden meine Fragen zufriedenstellend beantwortet?

   Beobachterin/Beobachter
   - Wurde das Material vollständig und korrekt vorbereitet?
   - War das Vorgehen gemäss dem Handlungsablauf korrekt?
   - Wurden die Prinzipien der Hygiene eingehalten?
   - Hatte die Patientin/der Patient Gelegenheit, Fragen zu stellen oder Unsicherheiten zu äussern?
   - Wurde die Patientin/der Patient laufend informiert?
5. Wechseln Sie die Rollen, bis jede Person alle Rollen eingenommen hat.

Sozialform

Gruppenarbeit

Zeit

10 Minuten

Handlungsablauf

HANDLUNGSSCHRITT	BESCHREIBUNG	BEGRÜNDUNG	BEOBACHTUNGEN
Vorbereitung			
Pflegedokumentation prüfen	Informieren Sie sich in der Pflegedokumentation über die Verordnungen und den Zustand der Patientin/des Patienten.	Sie verhindern so, dass notwendiges Material fehlt, setzen Ressourcen optimal ein und vermeiden Komplikationen.	☐ richtig ☐ falsch ☐ nicht ausgeführt
Arbeitsfläche vorbereiten	Ziehen Sie zu Ihrem Schutz Einmalhandschuhe an und desinfizieren Sie die Arbeitsfläche mit einer Wischdesinfektion. Beachten Sie die Einwirkungszeit des Flächendesinfektionsmittels.	Das Desinfektionsmittel kann kanzerogen wirken oder Hautschädigungen verursachen. Die Desinfektion der Arbeitsfläche bewirkt eine Reduktion der Keime.	☐ richtig ☐ falsch ☐ nicht ausgeführt
Hände desinfizieren 	Führen Sie vor dem aseptischen Arbeiten mit Material eine korrekte Händedesinfektion (EN 1500) durch.	Eine Übertragung und Verbreitung von Mikroorganismen wird verhindert.	☐ richtig ☐ falsch ☐ nicht ausgeführt
Material vorbereiten 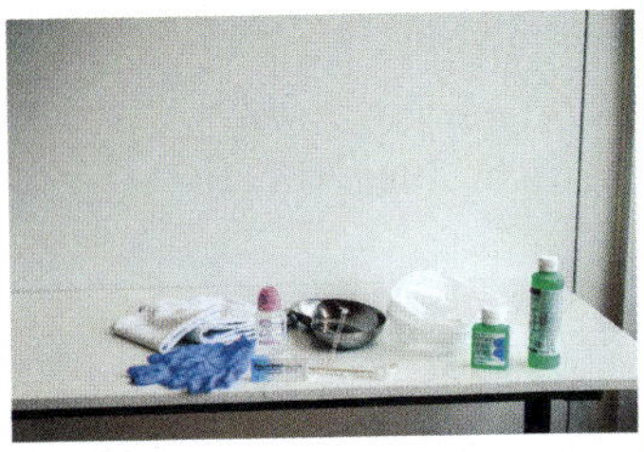	Legen Sie das Material auf der desinfizierten Arbeitsfläche bereit: – Handtuch – Watteträger – unsterile Tupfer – Ampullen mit 0,9-%iger NaCl-Lösung – ggf. sterile Einmalspritze – Nasensalbe oder Nasentropfen nach ärztlicher Verordnung – ggf. Spiegel – Einmalhandschuhe – Abfallbeutel, Abwurfschale		☐ richtig ☐ falsch ☐ nicht ausgeführt
Präsenzlicht einschalten	Schalten Sie das Präsenzlicht ein.	Das Präsenzlicht markiert im Flur die Anwesenheit einer Pflegefachperson im Zimmer der Patientin/des Patienten. Sie haben so die Möglichkeit, bei einem Notfall Alarm auszulösen.	☐ richtig ☐ falsch ☐ nicht ausgeführt

HANDLUNGSSCHRITT	BESCHREIBUNG	BEGRÜNDUNG	BEOBACHTUNGEN
Vorbereitung			
Hände desinfizieren 	Führen Sie vor dem Kontakt mit der Patientin/dem Patienten eine korrekte Händedesinfektion (EN 1500) durch.	Eine Übertragung und Verbreitung von Mikroorganismen wird verhindert.	☐ richtig ☐ falsch ☐ nicht ausgeführt
Patientin/Patienten vorbereiten	Begrüssen Sie die Patientin/den Patienten und stellen Sie sich, falls noch nicht geschehen, mit Namen und Funktion vor. Erklären Sie den Anlass und die Dauer der bevorstehenden Pflegehandlung. Fragen Sie die Patientin/den Patienten nach allfälligen Behinderung bei der nasalen In- und Expiration (Borken, Verkrustungen). Holen Sie das Einverständnis der Patientin/des Patienten ein. Fragen Sie nach Wünschen.	Die Patientin/Der Patient weiss stets, welche Massnahmen an ihr/ihm vorgesehen sind. Eine korrekte und verständliche Information fördert die Akzeptanz und das Vertrauen der Patientin/des Patienten. Sie/Er fühlt sich respektiert.	☐ richtig ☐ falsch ☐ nicht ausgeführt
Vitalzeichen prüfen und Befinden erfragen	Fragen Sie die Patientin/den Patienten nach ihrem/seinem Befinden. Prüfen Sie wenn nötig Vitalzeichen und dokumentieren Sie diese.	Bei Übelkeit, Schmerzen, Unwohlsein sollte der Ablauf angepasst oder entsprechend vorbereitet werden.	☐ richtig ☐ falsch ☐ nicht ausgeführt
Arbeitsplatz einrichten	Schliessen Sie alle Fenster und Türen. Schicken Sie Besuch aus dem Zimmer. Installieren Sie gegebenenfalls einen Sichtschutz. Stellen Sie das Bett in eine rückenschonende Position. Sorgen Sie für ausreichende Beleuchtung.	Zugluft wird vermieden. Die Privatsphäre der Patientin/des Patienten wird gewahrt. Rückenschäden werden vermieden. Effiziente Arbeitsbedingungen werden geschaffen.	☐ richtig ☐ falsch ☐ nicht ausgeführt

HANDLUNGSSCHRITT	BESCHREIBUNG	BEGRÜNDUNG	BEOBACHTUNGEN
Durchführung			
Lagerung vornehmen	Lagern Sie die Patientin/den Patienten so, dass ein reibungsloser Ablauf der Pflegeintervention möglich ist. Stellen Sie das Bett auf Arbeitshöhe und erhöhen Sie das Kopfteil (mind. 30-Grad-Lagerung). Entfernen Sie allfällige Lagerungsmittel und Kopfkissen.	Die Patientin/Der Patient fühlt sich wohl und kann bei der Pflege eventuell unterstützend mithelfen. Dadurch, dass die Lagerungsmittel entfernt werden, ist ihre/seine Bewegungsfreiheit grösser.	☐ richtig ☐ falsch ☐ nicht ausgeführt
	Bitten Sie die Patientin/den Patienten, den Kopf für die Nasenpflege mittig zu halten und möglichst nicht zu bewegen. Achten Sie auf eine bequeme und schmerzfreie Lagerung. Erfragen Sie das Befinden der Patientin/des Patienten.	Das Ruhighalten des Kopfes in mittiger Position lässt ein präzises Arbeiten zu und minimiert die Verletzungsgefahr deutlich.	☐ richtig ☐ falsch ☐ nicht ausgeführt
Patientin/Patienten informieren	Informieren Sie die Patientin/den Patienten noch einmal kurz über die nun folgenden Handlungsschritte. Kommunizieren Sie die einzelnen Schritte jeweils unmittelbar vor der durchzuführenden Handlung. Bitten Sie die Patientin/den Patienten, Hilfsmittel (Brille) und Schmuckgegenstände (Piercing) im Nasenbereich zu entfernen.	Die Patientin/Der Patient kann sich auf die Handlung einstellen. Hilfsmittel oder andere Gegenstände beeinträchtigen eine wirksame Nasenpflege.	☐ richtig ☐ falsch ☐ nicht ausgeführt
Hände desinfizieren 	Führen Sie vor dem Kontakt mit der Patientin/dem Patienten eine korrekte Händedesinfektion (EN 1500) durch. Ziehen Sie Einmalhandschuhe zum Selbstschutz an.	Eine Übertragung und Verbreitung von Mikroorganismen wird verhindert.	☐ richtig ☐ falsch ☐ nicht ausgeführt

HANDLUNGSSCHRITT	BESCHREIBUNG	BEGRÜNDUNG	BEOBACHTUNGEN
Durchführung			
Nase reinigen	Inspizieren Sie die Nase nach Auffälligkeiten. Feuchten Sie den Watteträger mit 0,9-%iger NaCl-Lösung an und führen Sie den Watteträger in das eine Nasenloch maximal bis zum Nasenbein ein.	Auf diese Weise kann gut erfasst werden, wie die Nasenschleimhautverhältnisse sind.	☐ richtig ☐ falsch ☐ nicht ausgeführt
	Befreien Sie das Nasenloch von möglichen Borken etc., indem Sie den Watteträger leicht drehend an der Nasenwand entlangführen. Wiederholen Sie diesen Vorgang mit einem neuen Wattenträger, bis keine Verunreinigungen mehr zu sehen sind.	Verletzungen der Nasenschleimhaut werden vermieden. Borken und Verunreinigungen bleiben am angefeuchteten Watteträger haften und können so sehr gut entfernt werden. Die Atmung verbessert sich.	
	Wiederholen Sie den Vorgang nun am anderen Nasenloch. Bitten Sie die Patientin/den Patienten, zwischen dem Wechsel der Nasenlöcher ruhig und tief zu atmen.		☐ richtig ☐ falsch ☐ nicht ausgeführt
	Applizieren Sie verordnete Nasensalben mit einem neuen Watteträger bzw. träufeln Sie verschriebene Nasentropfen ein. Bitten Sie dabei die Patientin/den Patienten, den Kopf für ein paar Sekunden nach hinten zu neigen.		☐ richtig ☐ falsch ☐ nicht ausgeführt
	Unterstützen Sie die Patientin/den Patienten beim Anlegen der zuvor entfernten Hilfsmittel und Schmuckgegenstände.		☐ richtig ☐ falsch ☐ nicht ausgeführt

HANDLUNGSSCHRITT	BESCHREIBUNG	BEGRÜNDUNG	BEOBACHTUNGEN
Nachbereitung			
Hände desinfizieren 	Führen Sie nach dem Ausziehen der Handschuhe und nach Tätigkeiten mit potenziell infektiösem Material eine korrekte Händedesinfektion (EN 1500) durch.	Eine Übertragung und Verbreitung von Mikroorganismen wird verhindert.	☐ richtig ☐ falsch ☐ nicht ausgeführt
Lagerung vornehmen	Lassen Sie die Patientin/den Patienten eine bequeme und schmerzfreie Lage einnehmen. Integrieren Sie die vorher entfernten Kopfkissen und Lagerungsmittel. Montieren Sie gegebenenfalls den Bettbügel wieder am Kopfende des Bettes. Stellen Sie das Bett wieder in die Ausgangsposition. Bieten Sie etwas zu trinken an.	Eine sichere und bequeme Lagerung fördert das Wohlbefinden.	☐ richtig ☐ falsch ☐ nicht ausgeführt
Pflegeintervention abschliessen	Versichern Sie sich, dass die Patientin/der Patient Ihre Anweisungen verstanden hat. Fragen Sie nach, ob sie/er zufrieden ist, und klären Sie, ob weitere Fragen oder Unsicherheiten bestehen. Stellen Sie sicher, dass die Patientin/der Patient bequem liegt.	Das Wohlbefinden und die Sicherheit der Patientin/des Patienten sind gewährleistet.	☐ richtig ☐ falsch ☐ nicht ausgeführt
Präsenzlicht ausschalten	Versichern Sie sich, dass die Glocke für die Patientin/den Patienten in Griffnähe ist, und schalten Sie das Präsenzlicht aus.	Die Patientin/Der Patient kann jederzeit klingeln, wenn sie/er Hilfe braucht, und ein Fehlalarm wird durch das Ausschalten des Präsenzlichtes vermieden.	☐ richtig ☐ falsch ☐ nicht ausgeführt
Material nachbereiten	Entsorgen Sie das Einwegmaterial im Abfallbehälter und führen Sie eine korrekte Reinigung der Arbeitsfläche, Mehrwegmaterialien und Instrumente durch. Entsorgen Sie mögliche Restlösungen.	Das Material muss korrekt im Zimmer versorgt bzw. für die weitere Nachsorge vorbereitet werden. Die Sicherheit bleibt damit ebenso gewahrt wie die hygienischen Standards.	☐ richtig ☐ falsch ☐ nicht ausgeführt

HANDLUNGSSCHRITT	BESCHREIBUNG	BEGRÜNDUNG	BEOBACHTUNGEN
Nachbereitung			
Hände desinfizieren 	Führen Sie nach Abschluss der Handlung eine korrekte Händedesinfektion (EN 1500) durch.	Eine Übertragung und Verbreitung von Mikroorganismen wird verhindert.	☐ richtig ☐ falsch ☐ nicht ausgeführt
Beobachtungen und Pflegeintervention dokumentieren	Halten Sie die Pflegeintervention und Ihre Beobachtungen in der Pflegedokumentation fest.	Die Pflegekontinuität wird sichergestellt.	☐ richtig ☐ falsch ☐ nicht ausgeführt

Notizen

3.8 Rasur/Bartpflege

Arbeitsauftrag

Training

Führen Sie den Handlungsablauf *Rasur/Bartpflege* korrekt durch.

Auftrag

1. Organisieren Sie sich in der Gruppe und weisen Sie folgende Rollen zu:
   - 1 Pflegefachperson
   - 1 Patient
   - 1 Beobachterin/Beobachter
2. Führen Sie das Training gemäss Handlungsablauf durch.
3. Dokumentieren Sie Ihre Beobachtungen.
4. Reflektieren Sie die Simulation und geben Sie Feedback anhand folgender Fragen:
   Pflegefachperson
   - Was ist mir gelungen? Wo fühlte ich mich sicher?
   - Wo traten Schwierigkeiten oder Unsicherheiten auf?
   - Welche Erkenntnisse ziehe ich daraus?

   Patient
   - Wie wurde ich in die Handlung einbezogen?
   - Wurde ich kompetent informiert?
   - Wie habe ich die Rasur/Bartpflege erlebt?
   - Wurde meine Intimsphäre geschützt?
   - Wurden alle meine Bedürfnisse berücksichtigt?
   - Wurden meine Fragen zufriedenstellend beantwortet?

   Beobachterin/Beobachter
   - Wurde das Material vollständig und korrekt vorbereitet?
   - War das Vorgehen gemäss dem Handlungsablauf korrekt?
   - Wurden die Prinzipien der Hygiene eingehalten?
   - Hatte der Patient Gelegenheit, Fragen zu stellen oder Unsicherheiten zu äussern?
   - Wurde der Patient laufend informiert?
5. Wechseln Sie die Rollen, bis jede Person alle Rollen eingenommen hat.

Sozialform

Gruppenarbeit

Zeit

10 Minuten

Handlungsablauf

HANDLUNGSSCHRITT	BESCHREIBUNG	BEGRÜNDUNG	BEOBACHTUNGEN
Vorbereitung			
Pflegedokumentation prüfen	Informieren Sie sich in der Pflegedokumentation über die Verordnung und den Zustand des Patienten.	Sie verhindern so, dass notwendiges Material fehlt, setzen Ressourcen optimal ein und vermeiden Komplikationen.	☐ richtig ☐ falsch ☐ nicht ausgeführt
Präsenzlicht einschalten	Schalten Sie das Präsenzlicht ein.	Das Präsenzlicht markiert im Flur die Anwesenheit einer Pflegefachperson im Zimmer des Patienten. Sie haben so die Möglichkeit, bei einem Notfall Alarm auszulösen.	☐ richtig ☐ falsch ☐ nicht ausgeführt
Hände desinfizieren 	Führen Sie vor Kontakt mit dem Patienten eine korrekte Händedesinfektion (EN 1500) durch.	Eine Übertragung und Verbreitung von Mikroorganismen wird verhindert.	☐ richtig ☐ falsch ☐ nicht ausgeführt
Patienten vorbereiten	Begrüssen Sie den Patienten und stellen Sie sich, falls noch nicht geschehen, mit Namen und Funktion vor. Erklären Sie den Anlass und die Dauer der bevorstehenden Pflegehandlung. Holen Sie das Einverständnis des Patienten ein. Fragen Sie nach Wünschen.	Der Patient weiss stets, welche Massnahmen an ihm vorgesehen sind. Eine korrekte und verständliche Information fördert die Akzeptanz und das Vertrauen des Patienten. Er fühlt sich respektiert.	☐ richtig ☐ falsch ☐ nicht ausgeführt
Vitalzeichen prüfen und Befinden erfragen	Fragen Sie den Patienten nach seinem Befinden. Prüfen Sie wenn nötig Vitalzeichen und dokumentieren Sie diese.	Bei Übelkeit, Schmerzen, Unwohlsein sollte der Ablauf angepasst oder entsprechend vorbereitet werden.	☐ richtig ☐ falsch ☐ nicht ausgeführt
Arbeitsplatz einrichten	Schliessen Sie alle Fenster und Türen. Schicken Sie Besuch aus dem Zimmer. Installieren Sie gegebenenfalls einen Sichtschutz. Stellen Sie das Bett in eine rückenschonende Position. Sorgen Sie für ausreichende Beleuchtung.	Zugluft wird vermieden. Die Privatsphäre des Patienten wird gewahrt. Rückenschäden werden vermieden. Effiziente Arbeitsbedingungen werden geschaffen.	☐ richtig ☐ falsch ☐ nicht ausgeführt

HANDLUNGSSCHRITT	BESCHREIBUNG	BEGRÜNDUNG	BEOBACHTUNGEN
Vorbereitung			
Arbeitsfläche vorbereiten	Ziehen Sie zu Ihrem Schutz Einmalhandschuhe an und desinfizieren Sie die Arbeitsfläche mit einer Wischdesinfektion. Beachten Sie die Einwirkungszeit des Flächendesinfektionsmittels.	Das Desinfektionsmittel kann kanzerogen wirken oder Hautschädigungen verursachen. Die Desinfektion der Arbeitsfläche bewirkt eine Reduktion der Keime.	☐ richtig ☐ falsch ☐ nicht ausgeführt
Hände desinfizieren 	Führen Sie vor dem aseptischen Arbeiten mit Material eine korrekte Händedesinfektion (EN 1500) durch.	Eine Übertragung und Verbreitung von Mikroorganismen wird verhindert.	☐ richtig ☐ falsch ☐ nicht ausgeführt
Material vorbereiten 	Legen Sie das Material auf der desinfizierten Arbeitsfläche bereit. Für eine Nassrasur: – Handtuch, Waschlappen – Waschschüssel mit warmem Wasser – Rasierschaum oder -creme, evtl. die individuellen Pflegeprodukte des Patienten – Einmalrasierer – Rasierpinsel – Aftershave/Hautpflegemittel – Spiegel – Einmalhandschuhe – Abfallbeutel, Abwurfbehälter Für eine Trockenrasur: – Rasierapparat – Handtuch, Waschlappen – Aftershave/Hautpflegemittel – Spiegel – Einmalhandschuhe – Abfallbeutel Für die Bartpflege: – Elektro-Langhaarschneider – Handtuch, Waschlappen – Spiegel – Einmalhandschuhe – Abfallbeutel		☐ richtig ☐ falsch ☐ nicht ausgeführt

HANDLUNGSSCHRITT	BESCHREIBUNG	BEGRÜNDUNG	BEOBACHTUNGEN
Durchführung			
Lagerung vornehmen	Setzen Sie den Patienten wenn möglich ans Lavabo und führen Sie die Rasur/Bartpflege am sitzenden Patienten durch. Wenn der Patient nicht sitzen kann, lagern Sie ihn so, dass ein reibungsloser Ablauf der Pflegeintervention möglich ist. Bei der Rasur/Bartpflege im Bett stellen Sie das Bett auf Arbeitshöhe und erhöhen Sie das Kopfteil. Entfernen Sie allfällige Lagerungsmittel und Kopfkissen. Legen Sie unter den Kopf des Patienten ein Handtuch als Schutz und decken Sie den Brustbereich mit einem Handtuch ab. Achten Sie auf eine bequeme und schmerzfreie Lagerung. Erfragen Sie das Befinden des Patienten.	Der Patient fühlt sich wohl und kann bei der Pflege eventuell unterstützend mithelfen. Wenn Sie Lagerungsmittel entfernen, ist die Bewegungsfreiheit des Patienten grösser.	☐ richtig ☐ falsch ☐ nicht ausgeführt
Patienten informieren	Informieren Sie den Patienten noch einmal kurz über die nun folgenden Handlungsschritte. Kommunizieren Sie die einzelnen Schritte jeweils unmittelbar vor der durchzuführenden Handlung. Bitten Sie den Patienten, Hilfsmittel (Brille, Hörgeräte) und Schmuckgegenstände (Halsketten, Ohrringe, Piercing) im Hals-Kopf-Bereich zu entfernen.	Der Patient kann sich auf die Handlung einstellen.	☐ richtig ☐ falsch ☐ nicht ausgeführt
Hände desinfizieren 	Führen Sie vor dem Kontakt mit dem Patienten eine korrekte Händedesinfektion (EN 1500) durch. Ziehen Sie Einmalhandschuhe zum Selbstschutz an.	Eine Übertragung und Verbreitung von Mikroorganismen wird verhindert.	☐ richtig ☐ falsch ☐ nicht ausgeführt

HANDLUNGSSCHRITT	BESCHREIBUNG	BEGRÜNDUNG	BEOBACHTUNGEN
Durchführung			
Nassrasur vornehmen 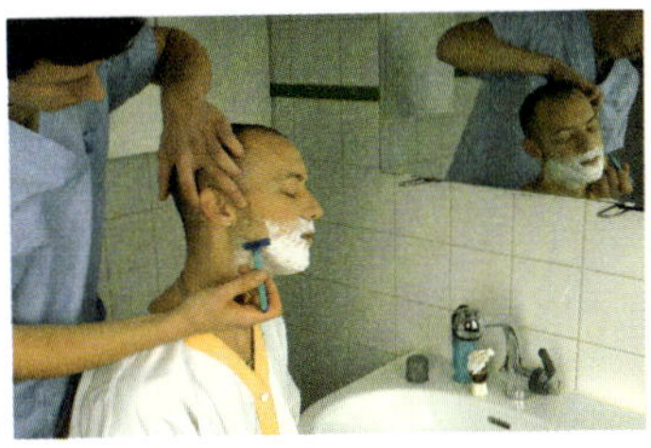	Befeuchten Sie das Gesicht des Patienten mit Wasser und tragen Sie den Rasierschaum oder die -creme auf. Rasieren Sie mit dem Einmalrasierer mit oder gegen die Bartwuchsrichtung. Spülen Sie den Einmalrasierer regelmässig mit Wasser ab. Spannen Sie die Gesichtshaut bzw. straffen Sie mögliche Hautfalten.	Bitten Sie den Patienten, mit Gesichtsbewegungen die Haut zu spannen, um so Hautverletzungen zu vermeiden.	☐ richtig ☐ falsch ☐ nicht ausgeführt
	Überprüfen Sie, ob die Rasur gründlich erfolgt ist, und entfernen Sie allfällige Schaumrückstände. Trocknen Sie das Gesicht des Patienten vorsichtig ab. Denken Sie auch an den Ohrenbereich.		☐ richtig ☐ falsch ☐ nicht ausgeführt
	Bieten Sie dem Patienten einen Spiegel an und fragen Sie nach dem Wohlbefinden. Tragen Sie falls gewünscht Aftershave auf.		☐ richtig ☐ falsch ☐ nicht ausgeführt
	Unterstützen Sie den Patienten beim Anlegen der zuvor entfernten Hilfsmittel und Schmuckgegenstände.		☐ richtig ☐ falsch ☐ nicht ausgeführt
Trockenrasur vornehmen	Achten Sie darauf, dass die Barthaare und das Gesicht trocken sind. Benutzen Sie bei Bartträgern die entsprechenden Aufsätze zum Stutzen des Bartes. Rasieren Sie mit dem Rasierapparat mit oder gegen die Bartwuchsrichtung.		☐ richtig ☐ falsch ☐ nicht ausgeführt

HANDLUNGSSCHRITT	BESCHREIBUNG	BEGRÜNDUNG	BEOBACHTUNGEN
Durchführung			
	Waschen Sie am Ende der Rasur die Barthaarrückstände mit einem Waschlappen feucht ab. Trocknen Sie das Gesicht und den Halsbereich mit einem Handtuch vorsichtig ab.		☐ richtig ☐ falsch ☐ nicht ausgeführt
	Bieten Sie dem Patienten einen Spiegel an und fragen Sie nach dem Wohlbefinden. Tragen Sie falls gewünscht Aftershave auf.		☐ richtig ☐ falsch ☐ nicht ausgeführt
Bartpflege	Waschen und kämmen Sie den Bart. Kürzen Sie gegebenenfalls die Barthaare mit einem dazu geeigneten Elektro-Langhaarschneider.		☐ richtig ☐ falsch ☐ nicht ausgeführt
	Bieten Sie dem Patienten einen Spiegel an und fragen Sie nach dem Wohlbefinden.		☐ richtig ☐ falsch ☐ nicht ausgeführt
Nachbereitung			
Hände desinfizieren 	Führen Sie nach dem Ausziehen der Handschuhe und nach Tätigkeiten mit potenziell infektiösem Material eine korrekte Händedesinfektion (EN 1500) durch.	Eine Übertragung und Verbreitung von Mikroorganismen wird verhindert.	☐ richtig ☐ falsch ☐ nicht ausgeführt
Lagerung vornehmen	Lassen Sie den Patienten eine bequeme und schmerzfreie Lage einnehmen. Integrieren Sie die vorher entfernten Kopfkissen und Lagerungsmittel. Montieren Sie gegebenenfalls den Bettbügel wieder am Kopfende des Bettes. Stellen Sie das Bett wieder in die Ausgangsposition. Bieten Sie etwas zu trinken an.	Eine sichere und bequeme Lagerung fördert das Wohlbefinden.	☐ richtig ☐ falsch ☐ nicht ausgeführt

HANDLUNGSSCHRITT	BESCHREIBUNG	BEGRÜNDUNG	BEOBACHTUNGEN
Nachbereitung			
Pflegeintervention abschliessen	Versichern Sie sich, dass der Patient Ihre Anweisungen verstanden hat. Fragen Sie nach, ob er zufrieden ist, und klären Sie, ob weitere Fragen oder Unsicherheiten bestehen. Stellen Sie sicher, dass der Patient bequem liegt.	Das Wohlbefinden und die Sicherheit des Patienten sind gewährleistet.	☐ richtig ☐ falsch ☐ nicht ausgeführt
Präsenzlicht ausschalten	Versichern Sie sich, dass die Glocke für den Patienten in Griffnähe ist, und schalten Sie das Präsenzlicht aus.	Der Patient kann jederzeit klingeln, wenn er Hilfe braucht, und ein Fehlalarm wird durch das Ausschalten des Präsenzlichtes vermieden.	☐ richtig ☐ falsch ☐ nicht ausgeführt
Material nachbereiten	Entsorgen Sie das Einwegmaterial im Abfallbehälter und führen Sie eine korrekte Reinigung der Arbeitsfläche, Mehrwegmaterialien und Instrumente durch.	Das Material muss korrekt im Zimmer versorgt bzw. für die weitere Nachsorge vorbereitet werden. Die Sicherheit bleibt damit ebenso gewahrt wie die hygienischen Standards.	☐ richtig ☐ falsch ☐ nicht ausgeführt
Hände desinfizieren 	Führen Sie nach Abschluss der Handlung eine korrekte Händedesinfektion (EN 1500) durch.	Eine Übertragung und Verbreitung von Mikroorganismen wird verhindert.	☐ richtig ☐ falsch ☐ nicht ausgeführt
Beobachtungen und Pflegeintervention dokumentieren	Halten Sie die Pflegeintervention und Ihre Beobachtungen in der Pflegedokumentation fest.	Die Pflegekontinuität wird sichergestellt.	☐ richtig ☐ falsch ☐ nicht ausgeführt

Notizen

3.9 Nagelpflege

Arbeitsauftrag

Training

Führen Sie den Handlungsablauf *Nagelpflege* korrekt durch.

Auftrag

1. Organisieren Sie sich in der Gruppe und weisen Sie folgende Rollen zu:
   - 1 Pflegefachperson
   - 1 Patientin/Patient
   - 1 Beobachterin/Beobachter
2. Führen Sie das Training gemäss Handlungsablauf durch.
3. Dokumentieren Sie Ihre Beobachtungen.
4. Reflektieren Sie die Simulation und geben Sie Feedback anhand folgender Fragen:

   Pflegefachperson
   - Was ist mir gelungen? Wo fühlte ich mich sicher?
   - Wo traten Schwierigkeiten oder Unsicherheiten auf?
   - Welche Erkenntnisse ziehe ich daraus?

   Patientin/Patient
   - Wie wurde ich in die Handlung einbezogen?
   - Wurde ich kompetent informiert?
   - Wie habe ich die Nagelpflege erlebt?
   - Wurde meine Intimsphäre geschützt?
   - Wurden alle meine Bedürfnisse berücksichtigt?
   - Wurden meine Fragen zufriedenstellend beantwortet?

   Beobachterin/Beobachter
   - Wurde das Material vollständig und korrekt vorbereitet?
   - War das Vorgehen gemäss dem Handlungsablauf korrekt?
   - Wurden die Prinzipien der Hygiene eingehalten?
   - Hatte die Patientin/der Patient Gelegenheit, Fragen zu stellen oder Unsicherheiten zu äussern?
   - Wurde die Patientin/der Patient laufend informiert?
5. Wechseln Sie die Rollen, bis jede Person alle Rollen eingenommen hat.

Sozialform

Gruppenarbeit

Zeit

10 Minuten

Handlungsablauf

HANDLUNGSSCHRITT	BESCHREIBUNG	BEGRÜNDUNG	BEOBACHTUNGEN
Vorbereitung			
Pflegedokumentation prüfen	Informieren Sie sich in der Pflegedokumentation über die Verordnung und den Zustand der Patientin/des Patienten.	Sie verhindern so, dass notwendiges Material fehlt, setzen Ressourcen optimal ein und vermeiden Komplikationen.	☐ richtig ☐ falsch ☐ nicht ausgeführt
Präsenzlicht einschalten	Schalten Sie das Präsenzlicht ein.	Das Präsenzlicht markiert im Flur die Anwesenheit einer Pflegefachperson im Zimmer der Patientin/des Patienten. Sie haben so die Möglichkeit, bei einem Notfall Alarm auszulösen.	☐ richtig ☐ falsch ☐ nicht ausgeführt
Hände desinfizieren 	Führen Sie vor Kontakt mit der Patientin/dem Patienten eine korrekte Händedesinfektion (EN 1500) durch.	Eine Übertragung und Verbreitung von Mikroorganismen wird verhindert.	☐ richtig ☐ falsch ☐ nicht ausgeführt
Patientin/Patienten vorbereiten	Begrüssen Sie die Patientin/den Patienten und stellen Sie sich, falls noch nicht geschehen, mit Namen und Funktion vor. Erklären Sie den Anlass und die Dauer der bevorstehenden Pflegehandlung. Holen Sie das Einverständnis der Patientin/des Patienten ein. Fragen Sie nach Wünschen.	Die Patientin/Der Patient weiss stets, welche Massnahmen an ihr/ihm vorgesehen sind. Eine korrekte und verständliche Information fördert die Akzeptanz und das Vertrauen der Patientin/des Patienten. Sie/Er fühlt sich respektiert.	☐ richtig ☐ falsch ☐ nicht ausgeführt
Vitalzeichen prüfen und Befinden erfragen	Fragen Sie die Patientin/den Patienten nach ihrem/seinem Befinden. Prüfen Sie wenn nötig Vitalzeichen und dokumentieren Sie diese.	Bei Übelkeit, Schmerzen, Unwohlsein sollte der Ablauf angepasst oder entsprechend vorbereitet werden.	☐ richtig ☐ falsch ☐ nicht ausgeführt
Arbeitsplatz einrichten	Schliessen Sie alle Fenster und Türen. Schicken Sie Besuch aus dem Zimmer. Installieren Sie gegebenenfalls einen Sichtschutz. Stellen Sie das Bett in eine rückenschonende Position. Sorgen Sie für ausreichende Beleuchtung.	Zugluft wird vermieden. Die Privatsphäre der Patientin/des Patienten wird gewahrt. Rückenschäden werden vermieden. Effiziente Arbeitsbedingungen werden geschaffen.	☐ richtig ☐ falsch ☐ nicht ausgeführt

HANDLUNGSSCHRITT	BESCHREIBUNG	BEGRÜNDUNG	BEOBACHTUNGEN
Vorbereitung			
Arbeitsfläche vorbereiten	Ziehen Sie zu Ihrem Schutz Einmalhandschuhe an und desinfizieren Sie die Arbeitsfläche mit einer Wischdesinfektion. Beachten Sie die Einwirkungszeit des Flächendesinfektionsmittels.	Das Desinfektionsmittel kann kanzerogen wirken oder Hautschädigungen verursachen. Die Desinfektion der Arbeitsfläche bewirkt eine Reduktion der Keime.	☐ richtig ☐ falsch ☐ nicht ausgeführt
Hände desinfizieren 	Führen Sie vor dem aseptischen Arbeiten mit Material eine korrekte Händedesinfektion (EN 1500) durch.	Eine Übertragung und Verbreitung von Mikroorganismen wird verhindert.	☐ richtig ☐ falsch ☐ nicht ausgeführt
Material vorbereiten 	Legen Sie das Material auf der desinfizierten Arbeitsfläche bereit: – Handtuch – Wasserschüssel mit warmem Wasser – ggf. Einmalunterlage (Bettschutz) – Waschlotion – Hautpflegecreme – ggf. individuelle Pflegeprodukte – Nagelschere, Nagelfeile – Fusspflegefeile, Bimsstein – Einmalhandschuhe – Abfallbeutel, Abwurfschale		☐ richtig ☐ falsch ☐ nicht ausgeführt
Durchführung			
Lagerung vornehmen	Lagern Sie die Patientin/den Patienten so, dass ein reibungsloser Ablauf der Pflegeintervention möglich ist. Stellen Sie das Bett auf Arbeitshöhe. Entfernen Sie allfällige Lagerungsmittel.	Die Patientin/Der Patient fühlt sich wohl und kann bei der Pflege eventuell unterstützend mithelfen. Dadurch, dass die Lagerungsmittel entfernt werden, ist ihre/seine Bewegungsfreiheit grösser.	☐ richtig ☐ falsch ☐ nicht ausgeführt
	Achten Sie auf eine bequeme und schmerzfreie Lagerung, und zwar möglichst in Rückenlage oder sitzend am Bettrand. Erfragen Sie das Befinden der Patientin/des Patienten.		☐ richtig ☐ falsch ☐ nicht ausgeführt

HANDLUNGSSCHRITT	BESCHREIBUNG	BEGRÜNDUNG	BEOBACHTUNGEN
Durchführung			
Patientin/Patienten informieren	Informieren Sie die Patientin/den Patienten noch einmal kurz über die nun folgenden Handlungsschritte. Kommunizieren Sie die einzelnen Schritte jeweils unmittelbar vor der durchzuführenden Handlung.	Die Patientin/Der Patient kann sich auf die Handlung einstellen.	☐ richtig ☐ falsch ☐ nicht ausgeführt
	Bitten Sie die Patientin/den Patienten, Schmuckgegenstände (Ringe, Fussketten etc.) zu entfernen und Kleidungsstücke so zu tragen, dass diese nicht die Pflegeintervention störend beeinträchtigen.	Schmuckgegenstände und Kleidungsstücke beeinträchtigen die Pflege, stellen eine Verletzungsmöglichkeit dar und können selbst Schaden nehmen.	☐ richtig ☐ falsch ☐ nicht ausgeführt
Hände desinfizieren 	Führen Sie vor dem Kontakt mit der Patientin/dem Patienten eine korrekte Händedesinfektion (EN 1500) durch. Ziehen Sie Einmalhandschuhe zum Selbstschutz an.	Eine Übertragung und Verbreitung von Mikroorganismen wird verhindert.	☐ richtig ☐ falsch ☐ nicht ausgeführt
Nägel pflegen	Richten Sie das Wasser für ein Hand- oder Fussbad nach den Vorlieben und Bedürfnissen der Patientin/des Patienten.	Das Wohlbefinden und die Sicherheit des Patienten haben Vorrang, dies wird auch durch die Abgabe von regelmässigen Informationen unterstützt.	☐ richtig ☐ falsch ☐ nicht ausgeführt
	Führen Sie ein Hand- oder Fussbad durch. Die Dauer liegt für beide Formen zwischen 5 bis 10 Minuten. Verlängern Sie bei starken Verunreinigungen/Verkrustungen das Bad um weitere 10 Minuten. Beobachten Sie die Hautverhältnisse.	So können Veränderungen gut erfasst und die Pflege kann schonend vorgenommen werden. Die Nägel werden durch das Bad weicher und lassen sich im Anschluss leichter pflegen.	☐ richtig ☐ falsch ☐ nicht ausgeführt

HANDLUNGSSCHRITT	BESCHREIBUNG	BEGRÜNDUNG	BEOBACHTUNGEN
Durchführung			
	Trocknen Sie die Hände und Füsse gut mit dem Handtuch ab. Achten Sie darauf, dass alle Finger- und Zehenzwischenräume trocken sind. Inspizieren Sie dabei die Haut und die Nägel gründlich.		☐ richtig ☐ falsch ☐ nicht ausgeführt
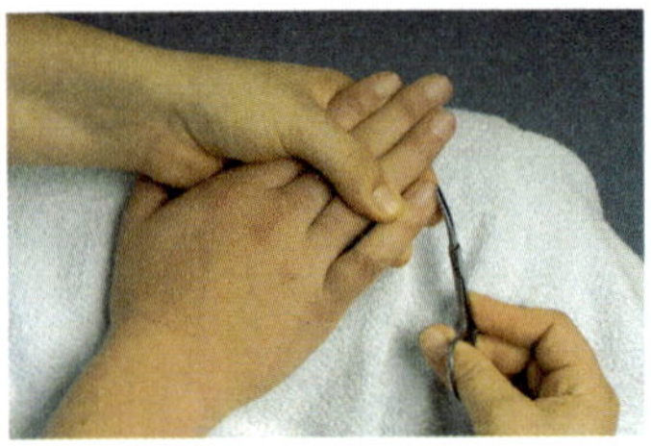	Schneiden Sie die **Fingernägel** in einer runden Form. Arbeiten Sie mit einer Nagelfeile nach, feilen Sie die Nägel von lateral zu medial.	Mit einer Nagelfeile können leichte Verunreinigungen nach einem Bad relativ problemlos entfernt werden.	☐ richtig ☐ falsch ☐ nicht ausgeführt
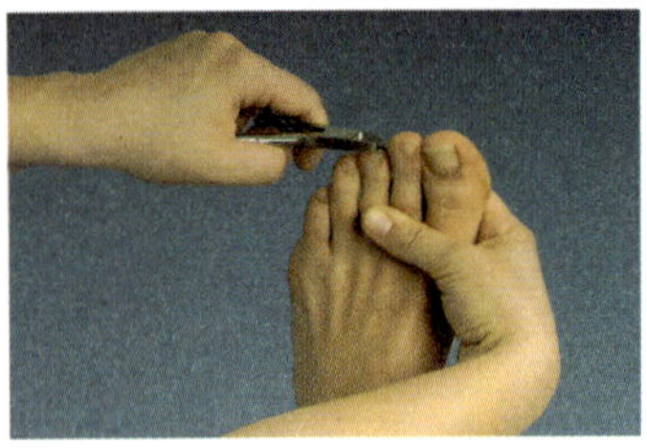	Schneiden Sie die **Zehennägel** in einer geraden Form. Ecken und Kanten bearbeiten Sie mit der Nagelfeile nach. Entfernen Sie vorhandene Hornhaut mit einer Fusspflegefeile oder einem Bimsstein.	Zehennägel werden nur gerade geschnitten, um die Gefahr des Einwachsens des Zehennagels zu minimieren. Zur Behandlungen von Hühneraugen, Warzen o. Ä. wird die Patientin/der Patient an eine Podologin HF überwiesen, ebenso Patientinnen/Patienten mit einem diagnostizierten Diabetes Mellitus.	☐ richtig ☐ falsch ☐ nicht ausgeführt
	Cremen Sie Hände und Füsse mit dem gewünschten Hautpflegemittel ein. Sparen Sie dabei die Finger- und Zehenzwischenräume aus.		☐ richtig ☐ falsch ☐ nicht ausgeführt
	Unterstützen Sie die Patientin/den Patienten beim Anlegen der zuvor entfernten Schmuckgegenstände und Kleidungsstücke.		☐ richtig ☐ falsch ☐ nicht ausgeführt
Nachbereitung			
Hände desinfizieren 	Führen Sie nach dem Ausziehen der Handschuhe und nach Tätigkeiten mit potenziell infektiösem Material eine korrekte Händedesinfektion (EN 1500) durch.	Eine Übertragung und Verbreitung von Mikroorganismen wird verhindert.	☐ richtig ☐ falsch ☐ nicht ausgeführt

HANDLUNGSSCHRITT	BESCHREIBUNG	BEGRÜNDUNG	BEOBACHTUNGEN
Nachbereitung			
Lagerung vornehmen	Lassen Sie die Patientin/den Patienten eine bequeme und schmerzfreie Lage einnehmen. Integrieren Sie die vorher entfernten Lagerungsmittel. Stellen Sie das Bett wieder in die Ausgangsposition. Bieten Sie etwas zu trinken an.	Eine sichere und bequeme Lagerung fördert das Wohlbefinden.	☐ richtig ☐ falsch ☐ nicht ausgeführt
Pflegeintervention beschliessen	Versichern Sie sich, dass die Patientin/der Patient Ihre Anweisungen verstanden hat. Fragen Sie nach, ob sie/er zufrieden ist, und klären Sie, ob weitere Fragen oder Unsicherheiten bestehen. Stellen Sie sicher, dass die Patientin/der Patient bequem liegt.	Das Wohlbefinden und die Sicherheit der Patientin/des Patienten sind gewährleistet.	☐ richtig ☐ falsch ☐ nicht ausgeführt
Präsenzlicht ausschalten	Versichern Sie sich, dass die Glocke für die Patientin/den Patienten in Griffnähe ist, und schalten Sie das Präsenzlicht aus.	Die Patientin/Der Patient kann jederzeit klingeln, wenn sie/er Hilfe braucht, und ein Fehlalarm wird durch das Ausschalten des Präsenzlichtes vermieden.	☐ richtig ☐ falsch ☐ nicht ausgeführt
Material nachbereiten	Entsorgen Sie das Einwegmaterial im Abfallbehälter und führen Sie eine korrekte Reinigung der Arbeitsfläche, Mehrwegmaterialien und Instrumente durch. Entsorgen Sie mögliche Restlösungen.	Das Material muss korrekt im Zimmer versorgt bzw. für die weitere Nachsorge vorbereitet werden. Die Sicherheit bleibt damit ebenso gewahrt wie die hygienischen Standards.	☐ richtig ☐ falsch ☐ nicht ausgeführt
Hände desinfizieren 	Führen Sie nach Abschluss der Handlung eine korrekte Händedesinfektion (EN 1500) durch.	Eine Übertragung und Verbreitung von Mikroorganismen wird verhindert.	☐ richtig ☐ falsch ☐ nicht ausgeführt
Beobachtungen und Pflegeintervention dokumentieren	Halten Sie die Pflegeintervention und Ihre Beobachtungen in der Pflegedokumentation fest.	Die Pflegekontinuität wird sichergestellt.	☐ richtig ☐ falsch ☐ nicht ausgeführt

3.10 Zahnpflege/Zahnprothesenpflege

Arbeitsauftrag

Training

Führen Sie den Handlungsablauf *Zahnpflege/Zahnprothesenpflege* korrekt durch.

Auftrag

1. Organisieren Sie sich in der Gruppe und weisen Sie folgende Rollen zu:
   - 1 Pflegefachperson
   - 1 Patientin/Patient
   - 1 Beobachterin/Beobachter
2. Führen Sie das Training gemäss Handlungsablauf durch.
3. Dokumentieren Sie Ihre Beobachtungen.
4. Reflektieren Sie die Simulation und geben Sie Feedback anhand folgender Fragen:

   Pflegefachperson
   - Was ist mir gelungen? Wo fühlte ich mich sicher?
   - Wo traten Schwierigkeiten oder Unsicherheiten auf?
   - Welche Erkenntnisse ziehe ich daraus?

   Patientin/Patient
   - Wie wurde ich in die Handlung einbezogen?
   - Wurde ich kompetent informiert?
   - Wie habe ich die Zahnpflege/Zahnprothesenpflege erlebt?
   - Wurde meine Intimsphäre geschützt?
   - Wurden alle meine Bedürfnisse berücksichtigt?
   - Wurden meine Fragen zufriedenstellend beantwortet?

   Beobachterin/Beobachter
   - Wurde das Material vollständig und korrekt vorbereitet?
   - War das Vorgehen gemäss dem Handlungsablauf korrekt?
   - Wurden die Prinzipien der Hygiene eingehalten?
   - Hatte die Patientin/der Patient Gelegenheit, Fragen zu stellen oder Unsicherheiten zu äussern?
   - Wurde die Patientin/der Patient laufend informiert?
5. Wechseln Sie die Rollen, bis jede Person alle Rollen eingenommen hat.

Sozialform

Gruppenarbeit

Zeit

10 Minuten

Handlungsablauf

HANDLUNGSSCHRITT	BESCHREIBUNG	BEGRÜNDUNG	BEOBACHTUNGEN
Vorbereitung			
Pflegedokumentation prüfen	Informieren Sie sich in der Pflegedokumentation über die Verordnung und den Zustand der Patientin/des Patienten.	Sie verhindern so, dass notwendiges Material fehlt, setzen Ressourcen optimal ein und vermeiden Komplikationen.	☐ richtig ☐ falsch ☐ nicht ausgeführt
Präsenzlicht einschalten	Schalten Sie das Präsenzlicht ein.	Das Präsenzlicht markiert im Flur die Anwesenheit einer Pflegefachperson im Zimmer der Patientin/des Patienten. Sie haben so die Möglichkeit, bei einem Notfall Alarm auszulösen.	☐ richtig ☐ falsch ☐ nicht ausgeführt
Hände desinfizieren 	Führen Sie vor Kontakt mit der Patientin/dem Patienten eine korrekte Händedesinfektion (EN 1500) durch.	Eine Übertragung und Verbreitung von Mikroorganismen wird verhindert.	☐ richtig ☐ falsch ☐ nicht ausgeführt
Patientin/Patienten vorbereiten	Begrüssen Sie die Patientin/den Patienten und stellen Sie sich, falls noch nicht geschehen, mit Namen und Funktion vor. Erklären Sie den Anlass und die Dauer der bevorstehenden Pflegehandlung. Holen Sie das Einverständnis der Patientin/des Patienten ein. Fragen Sie nach Wünschen.	Die Patientin/Der Patient weiss stets, welche Massnahmen an ihr/ihm vorgesehen sind. Eine korrekte und verständliche Information fördert die Akzeptanz und das Vertrauen der Patientin/des Patienten. Sie/Er fühlt sich respektiert.	☐ richtig ☐ falsch ☐ nicht ausgeführt
Vitalzeichen prüfen und Befinden erfragen	Fragen Sie die Patientin/den Patienten nach ihrem/seinem Befinden. Prüfen Sie wenn nötig Vitalzeichen und dokumentieren Sie diese.	Bei Übelkeit, Schmerzen, Unwohlsein sollte der Ablauf angepasst oder entsprechend vorbereitet werden.	☐ richtig ☐ falsch ☐ nicht ausgeführt
Arbeitsplatz einrichten	Schliessen Sie alle Fenster und Türen. Schicken Sie Besuch aus dem Zimmer. Installieren Sie gegebenenfalls einen Sichtschutz. Stellen Sie das Bett in eine rückenschonende Position. Sorgen Sie für ausreichende Beleuchtung.	Zugluft wird vermieden. Die Privatsphäre der Patientin/des Patienten wird gewahrt. Rückenschäden werden vermieden. Effiziente Arbeitsbedingungen werden geschaffen.	☐ richtig ☐ falsch ☐ nicht ausgeführt

HANDLUNGSSCHRITT	BESCHREIBUNG	BEGRÜNDUNG	BEOBACHTUNGEN
Vorbereitung			
Arbeitsfläche vorbereiten	Ziehen Sie zu Ihrem Schutz Einmalhandschuhe an und desinfizieren Sie die Arbeitsfläche mit einer Wischdesinfektion. Beachten Sie die Einwirkungszeit des Flächendesinfektionsmittels.	Das Desinfektionsmittel kann kanzerogen wirken oder Hautschädigungen verursachen. Die Desinfektion der Arbeitsfläche bewirkt eine Reduktion der Keime.	☐ richtig ☐ falsch ☐ nicht ausgeführt
Hände desinfizieren 	Führen Sie vor dem aseptischen Arbeiten mit Material eine korrekte Händedesinfektion (EN 1500) durch.	Eine Übertragung und Verbreitung von Mikroorganismen wird verhindert.	☐ richtig ☐ falsch ☐ nicht ausgeführt
Material vorbereiten 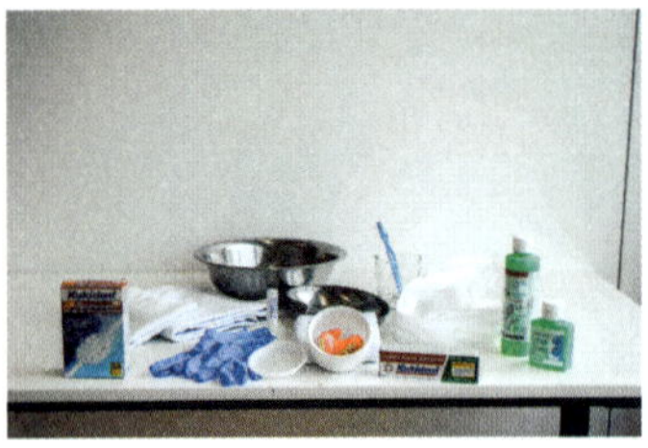	Legen Sie das Material auf der desinfizierten Arbeitsfläche bereit: – Handtuch, Waschlappen – ggf. Einmalunterlage (Bett-, Kleiderschutz) – Zahncreme, Zahnprothesenreinigungs-Tabs – Zahnbürste, evtl. Zahnreinigungsmaterialien (Zahnseide, Interdentalbürste) – Zahnputzbecher, Wasser (Spülen) – Nierenschale – Zahnprothesendose – ggf. Mundspüllösung – ggf. individuelle Pflegeprodukte (Reinigungs-Tabs für Zahnprothesen) – ggf. Hautpflegeprodukte (Lipstick etc.) – ggf. Spiegel – Einmalhandschuhe – Abfallbeutel, Abwurfschale	Die Zahnpflege/Zahnprothesenpflege ist stets mit der Mundpflege/Mundinspektion verbunden (siehe Arbeitsheft *Nahrung verabreichen*).	☐ richtig ☐ falsch ☐ nicht ausgeführt

HANDLUNGSSCHRITT	BESCHREIBUNG	BEGRÜNDUNG	BEOBACHTUNGEN
Durchführung			
Lagerung vornehmen	Lagern Sie die Patientin/den Patienten so, dass ein reibungsloser Ablauf der Pflegeintervention möglich ist. Bringen Sie das Bett auf Arbeitshöhe und stellen Sie das Kopfteil mindestens 30 Grad nach oben. Entfernen Sie allfällige Lagerungsmittel.	Die Patientin/Der Patient fühlt sich wohl und kann bei der Pflege eventuell unterstützend mithelfen. Dadurch, dass die Lagerungsmittel entfernt werden, ist ihre/seine Bewegungsfreiheit grösser.	☐ richtig ☐ falsch ☐ nicht ausgeführt
	Bitten Sie die Patientin/den Patienten, eine Rückenlage einzunehmen und den Kopf leicht auf die Seite zu drehen. Achten Sie auf eine bequeme und schmerzfreie Lagerung. Oder bitten Sie die Patientin/den Patienten, eine sitzende Position am Bettrand oder am Lavabo einzunehmen. Erfragen Sie das Befinden der Patientin/des Patienten.	Die Oberkörperhochlagerung und die seitliche Positionierung des Kopfes dient der Aspirationsprophylaxe.	☐ richtig ☐ falsch ☐ nicht ausgeführt
Patientin/Patienten informieren	Informieren Sie die Patientin/den Patienten noch einmal kurz über die nun folgenden Handlungsschritte. Kommunizieren Sie die einzelnen Schritte jeweils unmittelbar vor der durchzuführenden Handlung. Bitten Sie die Patientin/den Patienten, Schmuckgegenstände (Piercing) zu entfernen und Kleidungsstücke so zu tragen, dass diese nicht die Pflegeintervention störend beeinträchtigen. Decken Sie den Brust- und Halsbereich der Patientin/des Patienten mit einem Handtuch oder einer Einmalunterlage ab.	Die Patientin/Der Patient kann sich auf die Handlung einstellen. Schmuckgegenstände und Kleidungsstücke beeinträchtigen die Pflege, stellen eine Verletzungsmöglichkeit dar und können selbst Schaden nehmen.	☐ richtig ☐ falsch ☐ nicht ausgeführt

HANDLUNGSSCHRITT	BESCHREIBUNG	BEGRÜNDUNG	BEOBACHTUNGEN
Durchführung			
Hände desinfizieren 	Führen Sie vor dem Kontakt mit der Patientin/dem Patienten eine korrekte Händedesinfektion (EN 1500) durch. Ziehen Sie Einmalhandschuhe zum Selbstschutz an.	Eine Übertragung und Verbreitung von Mikroorganismen wird verhindert.	☐ richtig ☐ falsch ☐ nicht ausgeführt
Zähne putzen und pflegen	Inspizieren Sie die Mundhöhle (siehe Arbeitsheft *Nahrung verabreichen*) und bieten Sie der Patientin/dem Patienten Wasser zur Spülung des Mundes an.		☐ richtig ☐ falsch ☐ nicht ausgeführt
	Bitten Sie die Patientin/den Patienten, die Zähne nach Möglichkeit in die Abbissstellung zu bringen und die Lippen gleichzeitig offen zu halten. Reinigen Sie nun die Interdentalzwischenräume mit Zahnseide oder Interdentalbürsten. Tragen Sie anschliessend eine ca. erbsengrosse Portion Zahncreme auf die angefeuchtete Zahnbürste auf. Bürsten Sie während drei Minuten die Zähne innen und aussen mit leichtem Druck auf den Borsten und in leicht kreisenden Bewegungen (vom Zahnfleich Richtung Zahnkrone, innen mit geöffneter Abbissstellung).	Dies erleichtert die Zahnpflege und minimiert die Verletzungsgefahr.	☐ richtig ☐ falsch ☐ nicht ausgeführt
	Bieten Sie der Patientin/dem Patienten Wasser zum Spülen des Mundes an. Achten Sie bei der Temperatur der Spüllösung auf die Wünsche der Patientin/des Patienten.		☐ richtig ☐ falsch ☐ nicht ausgeführt

HANDLUNGSSCHRITT	BESCHREIBUNG	BEGRÜNDUNG	BEOBACHTUNGEN
Durchführung			
Zahnprothese pflegen	Reinigen Sie die Zahnprothesen abends und legen Sie sie danach über Nacht in ein Prothesenbehältnis. Beachten Sie bei der Anwendung von Reinigungs-Tabs die vom Hersteller empfohlene Einwirkzeit und Anwendung.	Die Zahnprothesen sind individuell erstellt, für die Patientin/den Patienten unentbehrlich und sehr teuer. Deshalb ist ein behutsamer Umgang damit unerlässlich. Das Reinigen der Zahnprothese im Wasserspiegel hilft, einen Bruch (Fallhöhe) zu vermeiden.	☐ richtig ☐ falsch ☐ nicht ausgeführt
	Spülen Sie morgens die Zahnprothese in dem herausnehmbaren Siebeinsatz unter fliessendem Wasser ab. Bitten Sie die Patientin/den Patienten, den Mund zu spülen. Tragen Sie bei Bedarf Haftcreme auf und setzen Sie die Prothesen in den Mund ein.	Die Zahnprothesen sollten so früh wie möglich am Morgen wieder eingesetzt werden (Sprache, Körperbild). Eine nächtliche Prothesenkarenz hilft der Mundschleimhaut, sich zu erholen. Eine längere Karenz sollte aber vermieden werden, da die Kiefer sich sonst verändern und die Passgenauigkeit der Zahnprothese nicht mehr gegeben ist.	☐ richtig ☐ falsch ☐ nicht ausgeführt
	Unterstützen Sie die Patientin/den Patienten beim Anlegen der zuvor entfernten Schmuckgegenstände und Kleidungsstücke.		☐ richtig ☐ falsch ☐ nicht ausgeführt
Nachbereitung			
Hände desinfizieren 	Führen Sie nach dem Ausziehen der Handschuhe und nach Tätigkeiten mit potenziell infektiösem Material eine korrekte Händedesinfektion (EN 1500) durch.	Eine Übertragung und Verbreitung von Mikroorganismen wird verhindert.	☐ richtig ☐ falsch ☐ nicht ausgeführt

HANDLUNGSSCHRITT	BESCHREIBUNG	BEGRÜNDUNG	BEOBACHTUNGEN
Nachbereitung			
Lagerung vornehmen	Lassen Sie die Patientin/den Patienten eine bequeme und schmerzfreie Lage einnehmen. Integrieren Sie die vorher entfernten Lagerungsmittel. Montieren Sie gegebenenfalls den Bettbügel wieder am Kopfende des Bettes und stellen Sie das Bett wieder in die Ausgangsposition. Bieten Sie etwas zu trinken an.	Eine sichere und bequeme Lagerung fördert das Wohlbefinden.	☐ richtig ☐ falsch ☐ nicht ausgeführt
Pflegeintervention abschliessen	Versichern Sie sich, dass die Patientin/der Patient Ihre Anweisungen verstanden hat. Fragen Sie nach, ob sie/er zufrieden ist, und klären Sie, ob weitere Fragen oder Unsicherheiten bestehen. Stellen Sie sicher, dass die Patientin/der Patient bequem liegt.	Das Wohlbefinden und die Sicherheit der Patientin/des Patienten sind gewährleistet.	☐ richtig ☐ falsch ☐ nicht ausgeführt
Hände desinfizieren 	Führen Sie nach Abschluss der Handlung eine korrekte Händedesinfektion (EN 1500) durch.	Eine Übertragung und Verbreitung von Mikroorganismen wird verhindert.	☐ richtig ☐ falsch ☐ nicht ausgeführt
Präsenzlicht ausschalten	Versichern Sie sich, dass die Glocke für die Patientin/den Patienten in Griffnähe ist, und schalten Sie das Präsenzlicht aus.	Die Patientin/Der Patient kann jederzeit klingeln, wenn sie/er Hilfe braucht, und ein Fehlalarm wird durch das Ausschalten des Präsenzlichtes vermieden.	☐ richtig ☐ falsch ☐ nicht ausgeführt
Material nachbereiten	Entsorgen Sie das Einwegmaterial im Abfallbehälter und führen Sie eine korrekte Reinigung der Arbeitsfläche, Mehrwegmaterialien und Instrumente durch. Entsorgen Sie mögliche Restlösungen. Schmutzwäsche wird umgehend in Wäschesäcke entsorgt.	Das Material muss korrekt im Zimmer versorgt bzw. für die weitere Nachsorge vorbereitet werden. Die Sicherheit bleibt damit ebenso gewahrt wie die hygienischen Standards.	☐ richtig ☐ falsch ☐ nicht ausgeführt

HANDLUNGSSCHRITT	BESCHREIBUNG	BEGRÜNDUNG	BEOBACHTUNGEN
Nachbereitung			
Hände desinfizieren 	Führen Sie nach Abschluss der Handlung eine korrekte Händedesinfektion (EN 1500) durch.	Eine Übertragung und Verbreitung von Mikroorganismen wird verhindert.	☐ richtig ☐ falsch ☐ nicht ausgeführt
Beobachtungen und Pflegeintervention dokumentieren	Halten Sie die Pflegeintervention und Ihre Beobachtungen in der Pflegedokumentation fest.	Die Pflegekontinuität wird sichergestellt.	☐ richtig ☐ falsch ☐ nicht ausgeführt

Notizen

3.11 Duschen

Arbeitsauftrag

Training

Führen Sie den Handlungsablauf *Duschen* korrekt durch.

Auftrag

1. Organisieren Sie sich in der Gruppe und weisen Sie folgende Rollen zu:
   - 1 Pflegefachperson
   - 1 Patientin/Patient
   - 1 Beobachterin/Beobachter
2. Führen Sie das Training gemäss Handlungsablauf durch.
3. Dokumentieren Sie Ihre Beobachtungen.
4. Reflektieren Sie die Simulation und geben Sie Feedback anhand folgender Fragen:

   Pflegefachperson
   - Was ist mir gelungen? Wo fühlte ich mich sicher?
   - Wo traten Schwierigkeiten oder Unsicherheiten auf?
   - Welche Erkenntnisse ziehe ich daraus?

   Patientin/Patient
   - Wie wurde ich in die Handlung einbezogen?
   - Wurde ich kompetent informiert?
   - Wurde meine Intimsphäre geschützt?
   - Wurden alle meine Bedürfnisse berücksichtigt?
   - Wurden meine Fragen zufriedenstellend beantwortet?

   Beobachterin/Beobachter
   - Wurde das Material vollständig und korrekt vorbereitet?
   - War das Vorgehen gemäss dem Handlungsablauf korrekt?
   - Wurden die Prinzipien der Hygiene eingehalten?
   - Hatte die Patientin/der Patient Gelegenheit, Fragen zu stellen oder Unsicherheiten zu äussern?
   - Wurde die Patientin/der Patient laufend informiert?
5. Wechseln Sie die Rollen, bis jede Person alle Rollen eingenommen hat.

Sozialform

Gruppenarbeit

Zeit

10 Minuten

Handlungsablauf

HANDLUNGSSCHRITT	BESCHREIBUNG	BEGRÜNDUNG	BEOBACHTUNGEN
Vorbereitung			
Pflegedokumentation prüfen	Informieren Sie sich in der Pflegedokumentation über die Verordnung und den Zustand der Patientin/des Patienten.	Sie verhindern so, dass notwendiges Material fehlt, setzen Ressourcen optimal ein und vermeiden Komplikationen.	☐ richtig ☐ falsch ☐ nicht ausgeführt
Arbeitsfläche vorbereiten	Ziehen Sie zu Ihrem Schutz Einmalhandschuhe an und desinfizieren Sie die Arbeitsfläche mit einer Wischdesinfektion. Beachten Sie die Einwirkungszeit des Flächendesinfektionsmittels.	Das Desinfektionsmittel kann kanzerogen wirken oder Hautschädigungen verursachen. Die Desinfektion der Arbeitsfläche bewirkt eine Reduktion der Keime.	☐ richtig ☐ falsch ☐ nicht ausgeführt
Hände desinfizieren 	Führen Sie vor dem aseptischen Arbeiten mit Material eine korrekte Händedesinfektion (EN 1500) durch.	Eine Übertragung und Verbreitung von Mikroorganismen wird verhindert.	☐ richtig ☐ falsch ☐ nicht ausgeführt
Material vorbereiten	Legen Sie das Material auf der desinfizierten Arbeitsfläche bereit: – 1 Handtuch – 1 Badetuch – 2 Waschlappen – individuelle Pflegemittel – rutschfeste Matte (vor und in der Dusche) – ggf. Sitzgelegenheit/mobiler Duschstuhl – frische Kleidung – falls die Haarwäsche integriert wird, Zusatzmaterial mitnehmen.		☐ richtig ☐ falsch ☐ nicht ausgeführt
Präsenzlicht einschalten	Schalten Sie das Präsenzlicht ein.	Das Präsenzlicht markiert im Flur die Anwesenheit einer Pflegefachperson im Zimmer der Patientin/des Patienten. Sie haben so die Möglichkeit, bei einem Notfall Alarm auszulösen.	☐ richtig ☐ falsch ☐ nicht ausgeführt

HANDLUNGSSCHRITT	BESCHREIBUNG	BEGRÜNDUNG	BEOBACHTUNGEN
Vorbereitung			
Hände desinfizieren 	Führen Sie vor dem Kontakt mit der Patientin/dem Patienten eine korrekte Händedesinfektion (EN 1500) durch.	Eine Übertragung und Verbreitung von Mikroorganismen wird verhindert.	☐ richtig ☐ falsch ☐ nicht ausgeführt
Patientin/Patienten vorbereiten	Begrüssen Sie die Patientin/den Patienten und stellen Sie sich, falls noch nicht geschehen, mit Namen und Funktion vor. Erklären Sie den Anlass und die Dauer der bevorstehenden Pflegehandlung. Holen Sie das Einverständnis der Patientin/des Patienten ein. Fragen Sie nach Wünschen.	Die Patientin/Der Patient weiss stets, welche Massnahmen an ihr/ihm vorgesehen sind. Eine korrekte und verständliche Information fördert die Akzeptanz und das Vertrauen der Patientin/des Patienten. Sie/Er fühlt sich respektiert.	☐ richtig ☐ falsch ☐ nicht ausgeführt
Vitalzeichen prüfen und Befinden erfragen	Fragen Sie die Patientin/den Patienten nach ihrem/seinem Befinden. Prüfen Sie wenn nötig Vitalzeichen und dokumentieren Sie diese.	Bei Übelkeit, Schmerzen, Unwohlsein sollte der Ablauf angepasst oder entsprechend vorbereitet werden.	☐ richtig ☐ falsch ☐ nicht ausgeführt
Arbeitsplatz einrichten	Schliessen Sie alle Fenster und Türen. Schicken Sie Besuch aus dem Zimmer. Installieren Sie gegebenenfalls einen Sichtschutz. Stellen Sie das Bett in eine rückenschonende Position. Sorgen Sie für ausreichende Beleuchtung.	Zugluft wird vermieden. Die Privatsphäre der Patientin/des Patienten wird gewahrt. Rückenschäden werden vermieden. Effiziente Arbeitsbedingungen werden geschaffen.	☐ richtig ☐ falsch ☐ nicht ausgeführt
Durchführung			
Patientin/Patienten informieren	Informieren Sie die Patientin/den Patienten noch einmal kurz über die nun folgenden Handlungsschritte. Kommunizieren Sie die einzelnen Schritte jeweils unmittelbar vor der durchzuführenden Handlung. Bieten Sie der Patientin/dem Patienten vor der Dusche die Möglichkeit des Toilettengangs an.	Die Patientin/Der Patient kann sich auf die Handlung einstellen. Laufendes Wasser wirkt oft harntreibend.	☐ richtig ☐ falsch ☐ nicht ausgeführt

HANDLUNGSSCHRITT	BESCHREIBUNG	BEGRÜNDUNG	BEOBACHTUNGEN
Durchführung			
	Lassen Sie die Patientin/den Patienten vorhandene Hilfsmittel, wie Brille, Hörgerät, Prothesen etc., ausziehen sowie Schmuck und Uhr ablegen.	Hilfsmittel und Schmuckgegenstände bieten Raum für Mikroorganismen und könnten überdies durch das Wasser beschädigt werden.	
Materialien und Umgebung vorbereiten	Platzieren Sie die rutschfesten Matten in und vor der Dusche. Benutzen Sie bei Bedarf einen Duschstuhl. Machen Sie auf Haltegriffe in der Dusche aufmerksam.	Die Sturzgefahr wird minimiert.	☐ richtig ☐ falsch ☐ nicht ausgeführt
	Richten Sie persönliche Pflegeutensilien nach den Bedürfnissen der Patientin/des Patienten. Berücksichtigen Sie dabei die Hygienerichtlinien.	Die persönlichen Bedürfnisse der Patientin/des Patienten werden respektiert. Es besteht Sicherheit vor der Übertragung von Mikroorganismen.	☐ richtig ☐ falsch ☐ nicht ausgeführt
	Achten Sie darauf, dass Sie alle benötigten Materialien in der Nähe haben.	Eine effiziente Arbeitsweise wird gewährleistet.	☐ richtig ☐ falsch ☐ nicht ausgeführt
Vor dem Duschen unterstützen	Unterstützen Sie die Patientin/den Patienten nötigenfalls beim Entkleiden. Bieten Sie eine Sitzgelegenheit und eine Ablagefläche für die schmutzige Kleidung an. Platzieren Sie die frische Kleidung an einer trockenen Stelle.	So gewährleisten Sie Sicherheit und fördern bei der Patientin/beim Patienten zugleich grösstmögliche Selbstständigkeit.	☐ richtig ☐ falsch ☐ nicht ausgeführt
	Bieten Sie der Patientin/dem Patienten Unterstützung beim Einsteigen in die Dusche und beim Hinsetzen auf den Duschstuhl in oder ausserhalb der Dusche an. Achten Sie darauf, dass die Patientin/der Patient vorhandene Haltegriffe erreichen kann.	So bieten Sie Gewähr für einen sicheren Transfer in die Dusche.	☐ richtig ☐ falsch ☐ nicht ausgeführt

HANDLUNGSSCHRITT	BESCHREIBUNG	BEGRÜNDUNG	BEOBACHTUNGEN
Durchführung			
Hände desinfizieren 	Führen Sie vor dem Kontakt mit der Patientin/dem Patienten eine korrekte Händedesinfektion (EN 1500) durch. Ziehen Sie bei Bedarf Einmalhandschuhe an.	Eine Übertragung von Mikroorganismen bei der Intimpflege und bei Mykosen oder anderen infektiösen Hauterkrankungen wird verhindert.	☐ richtig ☐ falsch ☐ nicht ausgeführt
Allgemeinzustand und Haut beobachten	Beobachten Sie während des Duschvorgangs den Allgemeinzustand der Patientin/des Patienten: – körperliche Verfassung – Hygiene – kognitive Fähigkeiten – Kommunikationsverhalten – Bewegungen – etc.	Werden Veränderungen des Allgemeinzustandes wahrgenommen, kann die Pflege entsprechend angepasst werden. Die Sicherheit der Patientin/des Patienten wird gewährleistet.	☐ richtig ☐ falsch ☐ nicht ausgeführt
	Beobachten Sie die Haut der Patientin/des Patienten: – Hautfarbe – Hautturgor – Hauttemperatur – Hautoberfläche – Augen – Zunge – Mundschleimhaut – Analschleimhaut – etc.	Die Haut ist das grösste Organ des menschlichen Körpers. Zahlreiche Erkrankungen lassen sich durch Hautbeobachtung erkennen. Werden Veränderungen der Haut wahrgenommen, kann die Pflege entsprechend angepasst werden. Die Sicherheit der Patientin/des Patienten wird gewährleistet.	☐ richtig ☐ falsch ☐ nicht ausgeführt
	Duschen Sie die Patientin/den Patienten nicht länger als 10 Minuten.	Eine Überanstrengung der Patientin/des Patienten wird vermieden. Für Kreislaufstabilität ist gesorgt, ein Auskühlen wird vermieden.	☐ richtig ☐ falsch ☐ nicht ausgeführt
Beim Duschen unterstützen	Stellen Sie die Wassertemperatur auf etwa 35–37 °C ein. Lassen Sie die Temperatur durch die Patientin/den Patienten mit der Hand überprüfen.	Diese Wassertemperatur wird von der Patientin/dem Patienten als angenehm empfunden. Der Kreislauf wird nicht zu stark belastet.	☐ richtig ☐ falsch ☐ nicht ausgeführt

HANDLUNGSSCHRITT	BESCHREIBUNG	BEGRÜNDUNG	BEOBACHTUNGEN
Durchführung			
	Unterstützen Sie die Patientin/den Patienten nur in den Handlungen, die sie/er nicht ganz oder nur unzureichend selbstständig ausführen kann. Erfragen Sie die persönlichen Gewohnheiten der Patientin/des Patienten und passen Sie den Ablauf entsprechend an.	Sie fördern die Selbstständigkeit der Patientin/des Patienten und integrieren dabei ihre/seine Bedürfnisse.	☐ richtig ☐ falsch ☐ nicht ausgeführt
	Beginnen Sie mit dem Abduschen der Füsse und führen Sie dann den Wasserstrahl langsam nach oben. Integrieren Sie eine Haarwäsche, wenn es der Zustand der Patientin/des Patienten erlaubt und sie/er das wünscht.		☐ richtig ☐ falsch ☐ nicht ausgeführt
	Waschen Sie die Arme mit dem Waschlappen und etwas Waschlotion herzwärts. Anschliessend ebenso Brust, Bauch und Rücken abwaschen.	Sie setzen so klare Impulse, die Durchblutung wird angeregt, die Haut wird gleichzeitig kontrolliert und gepflegt.	☐ richtig ☐ falsch ☐ nicht ausgeführt
	Lassen Sie das Wasser in einem schwachen Strahl über den Unterkörper laufen. Spülen Sie anschliessend die Waschlotion gut ab.		☐ richtig ☐ falsch ☐ nicht ausgeführt
	Waschen Sie dann Beine und Füsse mit dem Waschlappen und etwas Waschlotion (herzwärts) und spülen Sie wiederum die Waschlotion gut ab.		☐ richtig ☐ falsch ☐ nicht ausgeführt
	Ziehen Sie, wenn Mykosen bestehen, beim Waschen der Füsse der Patientin/des Patienten unbedingt Handschuhe an.	Sie vermeiden das Verschleppen von Mikroorganismen.	☐ richtig ☐ falsch ☐ nicht ausgeführt

HANDLUNGSSCHRITT	BESCHREIBUNG	BEGRÜNDUNG	BEOBACHTUNGEN
Durchführung			
	Waschen Sie zum Schluss den Intimbereich (siehe Handlungsabläufe *Intimpflege,* S. 32–45). Falls möglich, lassen Sie die Patientin/den Patienten zu diesem Zweck aufstehen.	Die Intimpflege ist im Stehen einfacher durchzuführen, jedoch können dabei die Hautverhältnisse weniger gut beobachtet werden. Sie gewährleisten die Sicherheit der Patientin/des Patienten durch eine gute Standfläche und Nutzung der Haltegriffe in der Dusche und betreiben zugleich Sturzprophylaxe.	☐ richtig ☐ falsch ☐ nicht ausgeführt
	Integrieren Sie gegebenenfalls eine Haarwäsche, falls es der Zustand der Patientin/des Patienten erlaubt. Lassen Sie dabei die Patientin/den Patienten mit einem sauberen Waschlappen die Augen abdecken. Reinigen Sie anschliessend das Gesicht mit demselben Waschlappen, der während der Haarwäsche als Augenschutz diente. Umwickeln Sie nach einer Haarwäsche den Kopf mit einem Handtuch.	Durch das Abdecken mit einem Waschlappen vermeiden Sie, dass Haarwaschmittelrückstände in die Augen der Patientin/des Patienten gelangen. Die Augen werden von aussen nach innen gewaschen (Richtung des Tränenkanals). Das Einwickeln der Haare sorgt für Tropfschutz und schützt die Patientin/den Patienten vor Wärmeverlust. Sicherheit soll gewährleistet werden.	☐ richtig ☐ falsch ☐ nicht ausgeführt
Nach dem Duschen unterstützen	Unterstützen Sie die Patientin/den Patienten beim Verlassen der Dusche. Reichen Sie der Patientin/dem Patienten ein warmes Badetuch und bieten Sie Hilfestellung beim Abtrocknen. Trocknen Sie Hautfalten und Zehenzwischenräume gut ab.	So gewährleisten Sie Sicherheit und fördern bei der Patientin/beim Patienten zugleich grösstmögliche Selbstständigkeit. Intertrigo, Mazerationen und Mykosen sollen vermieden werden. Die Haut wird gezielt gepflegt.	☐ richtig ☐ falsch ☐ nicht ausgeführt
	Bieten Sie Hautpflegemittel je nach Hauttyp an – Deodorant je nach Bedürfnissen.	Wohlbefinden soll gefördert, Aspekte des Krankheitsgeschehens sollen berücksichtigt werden.	☐ richtig ☐ falsch ☐ nicht ausgeführt

HANDLUNGSSCHRITT	BESCHREIBUNG	BEGRÜNDUNG	BEOBACHTUNGEN
Durchführung			
	Bieten Sie Hilfe beim Haaretrocknen und beim Ankleiden an. Ermöglichen Sie anschliessend eine Zahnpflege oder Prothesenreinigung (siehe Handlungsablauf *Zahnpflege/Zahnprothesenpflege*, S. 88–95). Führen Sie gegebenenfalls eine Nagelpflege durch (siehe Handlungsablauf *Nagelpflege*, S. 82–87).	Ein Auskühlen der Patientin/des Patienten wird verhindert und das Wohlbefinden gefördert. Die Bekleidung erfolgt nach Bedürfnissen der Patientin/des Patienten unter Berücksichtigung des aktuellen Zustands.	☐ richtig ☐ falsch ☐ nicht ausgeführt
	Begleiten Sie die Patientin/den Patienten nach der Dusche ins Zimmer. Bieten Sie ihr/ihm je nach Allgemeinzustand eine Ruhemöglichkeit im Bett oder einen bequemen Stuhl an. Integrieren Sie allfällige Lagerungsmittel.	Es soll eine Entspannungsmöglichkeit geboten und die bequeme Lagerung sichergestellt werden.	☐ richtig ☐ falsch ☐ nicht ausgeführt
	Unterstützen Sie die Patientin/den Patienten beim Anlegen der zuvor entfernten Schmuckgegenstände und Kleidungsstücke.		☐ richtig ☐ falsch ☐ nicht ausgeführt
Nachbereitung			
Hände desinfizieren 	Führen Sie nach dem Ausziehen der Handschuhe und nach Tätigkeiten mit potenziell infektiösem Material eine korrekte Händedesinfektion (EN 1500) durch.	Eine Übertragung und Verbreitung von Mikroorganismen wird verhindert.	☐ richtig ☐ falsch ☐ nicht ausgeführt
Pflegeintervention abschliessen	Versichern Sie sich, dass die Patientin/der Patient Ihre Anweisungen verstanden hat. Fragen Sie nach, ob sie/er zufrieden ist, und klären Sie, ob weitere Fragen oder Unsicherheiten bestehen.	Das Wohlbefinden und die Sicherheit der Patientin/des Patienten sind gewährleistet.	☐ richtig ☐ falsch ☐ nicht ausgeführt

HANDLUNGSSCHRITT	BESCHREIBUNG	BEGRÜNDUNG	BEOBACHTUNGEN
Nachbereitung			
Wohlbefinden sicherstellen	Fragen Sie die Patientin/den Patienten nach Wünschen und Befinden, bieten Sie evtl. etwas zu trinken an.	Das Wohlbefinden wird gefördert.	☐ richtig ☐ falsch ☐ nicht ausgeführt
Material und Umgebung	Räumen Sie den Duschraum auf und reinigen Sie ihn nach den hausinternen Richtlinien bzw. spülen Sie die Kabine sowie die rutschfesten Matten mit heissem Wasser ab.	Eine Übertragung von Mikroorganismen auf die nächste Person wird verhindert.	☐ richtig ☐ falsch ☐ nicht ausgeführt
Präsenzlicht ausschalten	Versichern Sie sich, dass die Glocke für die Patientin/den Patienten in Griffnähe ist, und schalten Sie das Präsenzlicht aus.	Die Patientin/Der Patient kann jederzeit klingeln, wenn sie/er Hilfe braucht, und ein Fehlalarm wird durch das Ausschalten des Präsenzlichtes vermieden.	☐ richtig ☐ falsch ☐ nicht ausgeführt
Material nachbereiten	Entsorgen Sie das Einwegmaterial im Abfallbehälter und führen Sie eine korrekte Reinigung der Arbeitsfläche, Mehrwegmaterialien und Instrumente durch.	Das Material muss korrekt im Zimmer versorgt bzw. für die weitere Nachsorge vorbereitet werden. Die Sicherheit bleibt damit ebenso gewahrt wie die hygienischen Standards.	☐ richtig ☐ falsch ☐ nicht ausgeführt
Hände desinfizieren 	Führen Sie nach Abschluss der Handlung eine korrekte Händedesinfektion (EN 1500) durch.	Eine Übertragung und Verbreitung von Mikroorganismen wird verhindert.	☐ richtig ☐ falsch ☐ nicht ausgeführt
Beobachtungen und Pflegeintervention dokumentieren	Halten Sie die Pflegeintervention und Ihre Beobachtungen in der Pflegedokumentation fest.	Die Pflegekontinuität wird sichergestellt.	☐ richtig ☐ falsch ☐ nicht ausgeführt

4 Vertiefungs- und Transferaufgaben

4.1 Vertiefungsaufgaben

Tabuzonen & Mimik, Gestik und Körperhaltung

Lernziele

Die Studierende/Der Studierende ...

... erkennt den Beziehungsaspekt.

... weiss um die Bedeutung und den Zusammmenhang zwischen Berührung und Kommunikation bei der Körperpflege.

Auftrag

1. Zeichnen Sie auf ein Blatt Papier den menschlichen Körper in der Vorder- und Rückenansicht.
2. Tragen Sie nun die Wohlfühlzonen, die Unwohlfühlzonen und die Tabuzonen ein. Lassen Sie sich bei Ihren Überlegungen davon leiten, welche Körperregionen bei Ihnen welche Zonen sind.
3. Tauschen Sie Ihr Ergebnis mit einer weiteren Person aus. Vergleichen Sie Übereinstimmendes und Abweichendes.
4. Welche Informationen können Sie aus der Reaktion der Patientin/des Patienten gewinnen (durch Beobachtung und Wahrnehmung von Mimik/Gestik/Körperhaltung) und welchen Einfluss haben die jeweiligen Informationen für Ihr weiteres Handeln?
5. Besprechen Sie zu zweit, in welchen Situationen es für eine Pflegefachperson herausfordernd werden kann und welche Reaktionen ihrerseits auch herausfordend für die Patientin/den Patienten sein könnten.

Körperschweiss

Lernziele

Die Studierende/Der Studierende ...

... weiss um wichtige Kriterien bei der Beobachtung von Körperschweiss und kann diese gut beschreiben.

... leitet aus ihren/seinen Beobachtungen notwendige pflegerische Massnahmen ab.

Auftrag

1. Allgemeine Kriterien beim Beobachten von Schweiss sind:
   - Menge,
   - Aussehen,
   - Geruch,
   - Lokalisation.

   Beschreiben Sie, welche Aspekte der einzelnen Punkte im Normalzustand relevant sind.
2. Für jedes einzelne Kriterium lassen sich Veränderungen feststellen, die auf ein akutes Geschehen oder auf eine Erkrankung hinweisen. Beschreiben Sie je eine Veränderung pro Kriterium. Weshalb kann diese Veränderung entstehen? Welche Massnahmen können Sie in Bezug auf die Körperpflege in diesem Fall treffen?

Medien

Lauber und Schmalstieg (2018)

Scham und Ekel

Lernziel

Die Studierende/Der Studierende setzt sich mit Scham und Ekel auseinander und stellt einen Bezug zu ihrem/seinem Praxisalltag her.

Aufgaben

1. Lassen Sie sich einige Minuten Zeit für die folgenden Überlegungen:
   - In welchen Situationen haben Sie persönlich schon Schamgefühle erlebt? Notieren Sie einige Stichworte dazu.
   - In welchen Situationen haben Sie persönlich schon Ekel erlebt? Notieren Sie einige Stichworte dazu.
   - Welche Situationen könnten aus Ihrer Sicht im Pflegealltag zu Scham oder Ekel führen? Notieren Sie einige Stichworte dazu.
2. Lesen Sie den Artikel von Bernd Reuschenbach «Schamauslösende Situationen in der Pflege» sowie den Artikel von Hiltrud Krey «Gefühlsregulierung in der Pflegeausbildung – Eine Untersuchung zum Ekelempfinden von Auszubildenden in der Pflege im 3. Ausbildungsjahr».
3. Diskutieren Sie in der Gruppe mögliche Strategien im Umgang mit Scham im Praxisalltag. Beachten Sie dabei die Perspektive der Patientin/des Patienten und der Pflegefachperson. Halten Sie Ihre Ergebnisse fest.
4. Diskutieren Sie in der Gruppe mögliche Strategien im Umgang mit Ekel im Praxisalltag. Beachten Sie dabei die Perspektive der Patientin/des Patienten und der Pflegefachperson. Halten Sie Ihre Ergebnisse fest.

Medien

Krey (2003)
Reuschenbach (2004)

4.2 Transferaufgaben

Pflege und Betreuung körperlich erkrankter Menschen

Lernziel

Die Studierende/Der Studierende erfasst das Hautbild von Herrn Kohler, schliesst auf entsprechende Ursachen und leitet geeignete Massnahmen ein.

Fallbeispiel

Herr Kohler ist ein 52-jähriger Patient, der nach einem Schlaganfall hospitalisiert wurde. Nach dem Eintritt nehmen Sie mehrere oberflächige Hautverletzungen wahr. Infolge des cerebrovaskulären Insults (CVI) hat Herr Kohler ein eingeschränktes Sprechvermögen. Dem Patienten ist Autonomie sehr wichtig. Es bereitet ihm Mühe, dass er von anderen abhängig ist. Hin und wieder gibt Herr Kohler das den Pflegenden auch deutlich zu verstehen: Er reagiert schnell mit abweisenden Gesten, zeigt sich traurig oder verhält sich bei pflegerischen Handlungen wenig kooperativ.

Auftrag

Bilden Sie eine Kleingruppe und diskutieren Sie folgende Fragen:

- Welche Ursachen für die Hautverletzungen vermuten Sie?
- Welche pflegerischen Angebote zur Körperpflege machen Sie Herrn Kohler?
- Wie gehen Sie mit den Reaktionen von Herrn Kohler um?

Medien

Lauber und Schmalstieg (2018)
Sauter et al. (2016)

Pflege und Betreuung psychisch erkrankter Menschen

Lernziel

Die Studierende/Der Studierende erfasst und reflektiert die Situation von Frau Melzer und leitet daraus entsprechende Ursachen und Massnahmen ab.

Fallbeispiel

Johanna Melzer ist eine 29-jährige Patientin auf einer psychiatrischen Akutstation. Sie wurde vor einer Woche wegen einer Depression mit Suizidgefährdung durch die Bezirksärztin eingewiesen. Seit ihrem Eintritt verweigert Frau Melzer die Körperpflege. Sie trägt immer noch dieselben Kleider, die sie bei der Einweisung am Körper trug. Frau Melzer nimmt nicht am Stationsgeschehen teil. Den Morgen und einen Teil des Nachmittags verbringt sie im Bett. Gegen Abend setzt sie sich jeweils in eine abgeschiedene Ecke des Aufenthaltsraums. Gelegentlich wäscht sich Frau Melzer mit grosser Mühe das Gesicht und die Hände. Anschliessend äussert sie jeweils, dass sie von diesen Handlungen ganz erschöpft sei. Sie wirkt allgemein sehr antriebslos. Hilfsangebote zur Unterstützung von Seiten der Pflege lehnt sie jedoch ab. Sie übernehmen die Betreuung von Frau Melzer. In einem Austausch mit Ihrer Arbeitskollegin thematisieren Sie die Situation der Patientin.

Auftrag

Bilden Sie eine Kleingruppe und diskutieren Sie folgende Punkte:

- Überlegen und notieren Sie, weshalb sich Frau Melzer wohl in der geschilderten Weise verhält.
- Diskutieren Sie, in welchen Bereichen Frau Melzer aufgrund ihres Verhaltens gefährdet ist. Notieren Sie Ihre Erkenntnisse.
- Überlegen und notieren Sie, welche Angebote Sie Frau Melzer in Bezug auf die Körperpflege machen könnten.
- Wie gehen Sie bei der Umsetzung der Angebote vor?

Medien

Käppeli (2004)
Sauter et al. (2016)

Pflege und Betreuung von Kindern und Jugendlichen

Lernziele

Die Studierende/Der Studierende …
… kennt die wichtigen Kriterien der Hautbeobachtung bei Säuglingen und kann diese gut beschreiben.
… leitet aus ihren/seinen Beobachtungen notwendige pflegerische Massnahmen ab.

Fallbeispiel

Tom wurde vor einem halben Jahr geboren. Seine Mutter hat nach der Geburt die Berufstätigkeit aufgegeben und widmet sich nun ganz dem Sohn. Tom leidet seit der Geburt immer wieder unter einer Windeldermatitis. Seine Mutter ist schon ganz verzweifelt und weiss sich nicht mehr zu helfen. Sie wendet sich an Sie als Pflegefachperson.

Auftrag

Beantworten Sie folgende Fragen:

- Welche Ursachen für Windeldermatitis gibt es?
- Welche Massnahmen empfehlen Sie Toms Mutter? Begründen Sie Ihre Empfehlungen.

Medien

Lauber und Schmalstieg (2018)
Hoehl und Kullick (2012)

Pflege und Betreuung von Menschen mit Langzeiterkrankungen

Lernziel

Die Studierende/Der Studierende kann die Handlungsschritte einer Ganzkörperwaschung auf ein Vollbad transferieren.

Fallbeispiel

Frau Zurbuchen, 83-jährig und verwitwet, wird in eine Langzeitinstitution eingewiesen, da sie zu Hause nicht mehr in der Lage war, sich selbst zu versorgen. Bei der Aufnahme bemerken Sie, dass Frau Zurbuchen offenbar schon lange keine Körperpflege mehr durchgeführt hat, denn Sie können viele verschmutzte Hautstellen mit Verkrustungen feststellen.

Auftrag

Beantworten Sie folgende Fragen:

- Wie kommunizieren Sie mit Frau Zurbuchen über das geplante Vollbad?
- Welche Vorbereitungen treffen Sie dafür und wie sieht Ihr konkretes Vorgehen aus?

Medien

Lauber und Schmalstieg (2018)

5 Ergebnissicherung

5.1 Reflexion zur Werkstattarbeit

Anhand der folgenden Kernfragen kann die erlebte Werkstattarbeit individuell reflektiert werden. Die Reflexion wird in der Gruppe, im Plenum oder mit der Lehrperson besprochen.

Vorgehen

☺ Was war positiv?

☹ Was war negativ?

Gruppe

☺ Was unterstützte die Arbeit in der Gruppe und den Gruppenprozess?

☹ Was war hinderlich?

Eigene Person

☺ Was ist mir gut gelungen?

☹ Womit bin ich unzufrieden?

Thema

☺ Welche Fachinhalte sind mir präsent?

☹ Welche Fachinhalte muss ich noch nacharbeiten?

Transfer

Was nehme ich mit für weitere Werkstattarbeiten?

Was will ich noch üben?

Was nehme ich mit für die Praxis?

5.2 Lernerfolgskontrolle

Beschreiben Sie das übergeordnete Ziel der Körperpflege.

Materialien

Welche Materialien benötigen Sie bei einer Ganzkörperwaschung?

Beschreiben Sie, aus welchem Grund das korrekte Zusammenstellen der Materialien für die Durchführung der Körperpflege wichtig ist.

Welche Pflegemittel verwenden Sie bei der Intimpflege? Begründen Sie Ihre Wahl.

Welche Lösungen verwenden Sie zur Augenpflege?

Vorbereitung

Beschreiben Sie die Vorbereitung für eine Haarwäsche, die im Bett stattfinden soll.

Beschreiben Sie die Lagerung einer Patientin bei der Ohrenpflege.

Sind während der Intimpflege generell Handschuhe zu tragen und, wenn ja, aus welchem Grund?

Durchführung

Welche wichtigen Beobachtungen sind bei der Durchführung der Körperpflege von pflegerischer Relevanz? Begründen Sie sie.

Beschreiben Sie die Waschrichtung bei der Intimpflege der Frau und begründen Sie Ihre Vorgehensweise.

Wie bestimmen Sie die Wassertemperatur beim Duschen? Begründen Sie Ihre Entscheidung.

Benennen Sie die maximale Dauer eines Dusch- und eines Badevorganges. Begründen Sie Ihre Wahl.

Beschreiben Sie die Waschrichtung bei der Augenpflege. Was ist bei Entzündungen der Augen besonders zu beachten?

Skizzieren Sie die Durchführung einer Nasenpflege.

In welche Form schneiden Sie bei einer Patientin/einem Patienten die Finger- bzw. die Zehennägel?

Erläutern Sie Vor- und Nachteile der Trocken- bzw. Nassrasur. Beschreiben Sie die Rasierrichtung der beiden Rasuren.

6 Literatur

6.1 Quellenverzeichnis

Doenges, M.E./Moorhouse, M.F./Murr, A.C./Müller Staub, M./Georg, J./Abderhalden, C. (2015): *Pflegediagnosen und Pflegemassnahmen*. Bern: Huber.

Hoehl, M./Kullick, P. (2012): *Gesundheits- und Kinderkrankenpflege* (4. Auflage). Stuttgart: Thieme.

Huch, R./Jürgens, K.D. (2015): *Mensch Körper Krankheit* (7. Auflage). München: Elsevier.

Jallal, A.-A. et al. (2015): *I care Pflege*. Stuttgart: Thieme.

Käppeli, S. (Hrgs.) (2004): *Pflegekonzepte. Phänomene im Erleben von Krankheit und Umfeld. Selbstkonzept. Selbstpflegedefizit. Immobilität. Ermüdung/ Erschöpfung. Schlafstörungen. Inkontinenz.* (Band 2) Bern: Huber.

Käppeli, S. (Hrsg.) (2004): *Pflegekonzepte. Phänomene im Erleben von Krankheit und Umfeld. Angehörige, Ungewissheit, Verwirrung, Kommunikation, Bewältigung, Schuld, Stigma, Macht, Aggression, Compliance, Humor.* (Band 3) Bern: Huber.

Kirschnick, O./Kirschnick, D. (2016): *Pflegetechniken von A–Z* (5. Auflage). Stuttgart: Thieme.

Köther, I. (2011): *Altenpflege* (3. Auflage). Stuttgart: Thieme.

Korečić, J. (2012): *Pflegestandards Altenpflege* (5. Auflage). Berlin: Springer.

Krey, Hiltrud (2003): *Gefühlsregulierung in der Pflegeausbildung – Eine Untersuchung zum Ekelempfinden von Auszubildenden in der Pflege im 3. Ausbildungsjahr. Forum Qualitative Social Research*, Heft 5. Online: www.qualitative-researche.net./index.php/fqs/rt/printerFriendly/654/1416 [30.04.2018].

Lauber, A./Schmalstieg, P./Eißling, E. (2018): *Wahrnehmen und Beobachten* (4. Auflage). Stuttgart: Thieme.

Lauber, A./Schmalstieg, P. (Hrsg.) (2018): *Verstehen & Pflegen* (4. Auflage). Stuttgart: Thieme.

Menche, N. (2011): *Pflege heute* (5. Auflage). München: Urban & Fischer.

Sauter, D./Needham, I./Abderhalden, C./Wolff, S. (2016): *Lehrbuch Psychiatrische Pflege* (4. überarb. und erw. Auflage). Bern: Huber.

Schewior-Popp, S./Sitzmann, F./Ullrich, L. (Hrsg.) (2017): *Thiemes Pflege. Das Lehrbuch für Pflegende in Ausbildung* (13. Auflage). Stuttgart: Thieme.

Reuschenbach, B. (2004), Pflegezeitschrift (57): *Schamauslösende Situationen in der Pflege*, S. 113–116. Berlin: Springer

Robert Koch Institut (RKI) (2016): *Händehygiene*. Online: www.rki.de/DE/Content/Infekt/Krankenhaushygiene/Haendehygiene/Haendehygiene_Tab.html [30.04.2018].